Autor
Franz Stoppel

bioskop 5/6

Gymnasium Niedersachsen
Aufgabenlösungen

westermann

Druck A[1] / Jahr 2013
Alle Drucke der Serie A sind im Unterricht parallel verwendbar.

Redaktion: Dr. Barbara Lübben
Herstellung: Ralf Flunkert
Grafiken: Julius Ecke, www.naturstudiendesign.de
Christine Henkel, Dahmen
Satz: Grepect GmbH, Garbsen

Umschlaggestaltung und Typographie: Jennifer Kirchhof
Druck und Bindung: westermann druck GmbH, Braunschweig

ISBN 978-3-14-159620-5

Inhaltsverzeichnis

B Basiskonzepte: Grundlegende Erkenntnisse im Fach Biologie

–

M Aufgaben richtig verstehen

1.

Individuelle Lösung, z. B.:
Beschreibe die sechs Hundewelpen.
Vergleiche die Hundewelpen mit ihren Eltern.

M Eine Biologiemappe führen

–

1 Lebewesen haben Vorfahren und Nachkommen

1.1 Pflanzen und Tiere sind Lebewesen

Der Turmfalke ist ein Lebewesen.	Abb. 1 Grundwissen
Woran erkennt man Lebewesen?	**1. a, 2.** Abb. 2 Grundwissen
Sind Pflanzen Lebewesen?	**1. b, c** Abb. 3
Pflanzen und Tiere reagieren in besonderer Weise auf Reize.	**3.** Abb. 4 Grundwissen

1.

a)

Lebewesen
Lebewesen reagieren auf Reize.
Lebewesen haben die Fähigkeit, sich selbständig zu bewegen.
Lebewesen haben die Fähigkeit, sich fortzupflanzen.
Lebewesen können wachsen und entwickeln sich.
Lebewesen haben einen Stoffwechsel.
Lebewesen bestehen aus Zellen.

b)

Lebewesen	Bohnenpflanzen
Lebewesen reagieren auf Reize.	Bohnensprosse reagieren auf Berührungsreize, wenn sie auf ein Hindernis treffen.
Lebewesen haben die Fähigkeit, sich selbständig zu bewegen.	Bohnensprosse winden sich an Hindernissen empor.
Lebewesen haben die Fähigkeit, sich fortzupflanzen.	Bohnenpflanzen bilden Samen aus, aus denen neue Bohnenpflanzen keimen.
Lebewesen können wachsen und entwickeln sich.	Aus den Samen entstehen Keimlinge, die wachsen und sich zu einer vollständigen Pflanze entwickeln.
Lebewesen haben einen Stoffwechsel.	Bohnenpflanzen benötigen zum Wachsen Kohlenstoffdioxid und Mineralstoffe, sie haben also einen Stoffwechsel.
Lebewesen bestehen aus Zellen.	Bohnenpflanzen bestehen aus Zellen.

Bohnen besitzen alle Kennzeichen von Lebewesen. Bohnen sind Lebewesen.

c) Individuelle Lösung.

2.

Lebewesen	Roboter
Lebewesen reagieren auf Reize.	Die Roboter reagieren auf Reize, sie nehmen zum Beispiel den Ball wahr und bewegen sich auf ihn zu.
Lebewesen haben die Fähigkeit, sich selbständig zu bewegen.	Die Roboter bewegen sich während des Spiels selbständig.
Lebewesen haben die Fähigkeit, sich fortzupflanzen.	Die Roboter können sich nicht selbst fortpflanzen.
Lebewesen können wachsen und entwickeln sich.	Einmal hergestellt und programmiert, verändern sich die Roboter nicht mehr, sie wachsen und entwickeln sich nicht.
Lebewesen haben einen Stoffwechsel.	Die Roboter haben keinen Stoffwechsel.
Lebewesen bestehen aus Zellen.	Die Roboter bestehen nicht aus Zellen.

Roboter besitzen nicht alle Kennzeichen von Lebewesen. Die Roboter sind daher keine Lebewesen.

3.

Individuelle Lösung, zum Beispiel:
Fenster abgedunkelt, dafür eine starke Lichtquelle im Zimmer, oder Anzucht der Kressesamen in einem Schuhkarton mit einem Loch auf einer Seite, wobei nur durch das Loch Licht in den Karton fallen kann.

1.2 Jedes Lebewesen hat Vorfahren

Die Großfamilie	Abb. 1
Vorfahren von Lebewesen	**1., 2.** Abb. 2, 3
Frau Schmidt erzählt von ihrer Verwandtschaft.	**3.** Abb. 4
Der Stammbaum als Darstellungsform	**3., 4.** Abb. 4

1.

Individuelle Lösung für die Bildunterschrift.
Dargestellt sind die Vorfahren eines Kindes. Von unten nach oben: Kind – seine Eltern – seine Großeltern – seine Urgroßeltern – die Elterngeneration der Urgroßeltern – deren Großeltern – deren Urgroßeltern.
Je weiter man in den Generationen zurückgeht, um so größer wird die Zahl der Vorfahren in der jeweiligen Generation, weil jedes Mitglied einer Generation zwei Elternteile besitzt. Die Zahl der Vorfahren verdoppelt sich also in jeder weiter zurückliegenden Generation.

2.

In Abbildung 3 sind die Vorfahren von Londontime aufgeführt. Diese Vorfahren stellen die Verwandtschaft von Londontime dar. In der Generation II sind seine Eltern aufgeführt. Londontime ist damit ein Nachkomme von Londonderry und Wieneria. In Generation III sind Londonderrys Großeltern und in Generation IV seine Urgroßeltern aufgeführt.

3.

Erna Schmidt hat ihre Verwandtschaft aus ihrer Sicht beschrieben. Ihre nächsten Verwandten sind ihre Eltern, Großeltern und ihre Geschwister und ihre eigenen Nachkommen. Frau Schmidts Onkel, Tanten, Neffen und Nichten sind weiter entfernte Verwandte.

4.

Die Darstellung von Frau Schmidt ist etwas unübersichtlich. Einfacher ist es, die Verwandtschaftsbeziehungen in einem Stammbaum darzustellen. In einem Stammbaum werden Eltern und Kinder wie folgt dargestellt:

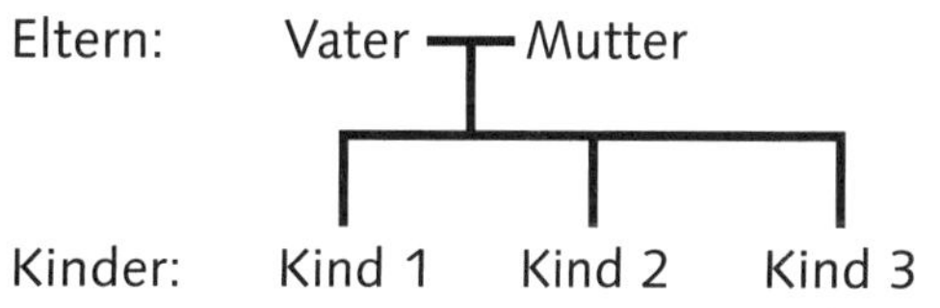

Der Stammbaum von Frau Schmidt könnte dann so aussehen:

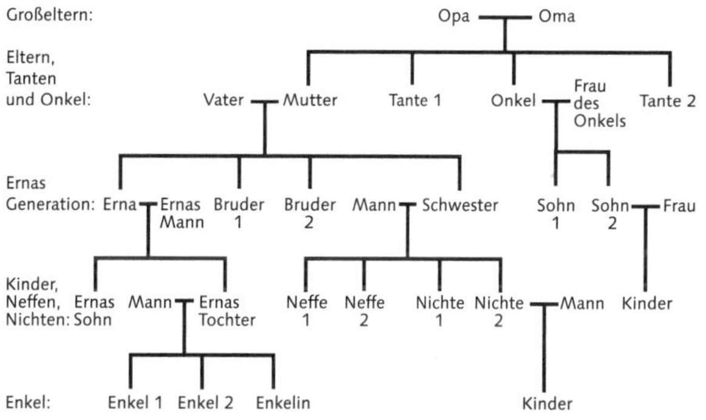

1.3 Nachkommen zeigen viele Gemeinsamkeiten

Gemeinsamkeiten und Unterschiede bei Welpen und jungen Katzen	**1.** Abb. 1, 2
Auch Nachkommen von Pflanzen unterscheiden sich.	**1., 3.** Abb. 3, 5
Gemeinsamkeiten und Unterschiede bei Nachkommen von Menschen	**2.**
Unterschiede bei Nachkommen führen zu einer Vielfalt bei Lebewesen.	**1.** Abb. 1, 2, 4
Unterschiede haben in der Natur Auswirkungen auf die Überlebenschancen.	**4.** Abb. 6

1.

Unterschiede sind zum Beispiel bei
Hunden: Größe, Fellfarbe, Ohrenform, Schwanzform
Katzen: Fellfarbe, Größe, Länge des Fells
Walnüssen: Größe, Riffelung, Farbe
Bohnensamen: Größe, Form, Farbe
Hainschnirkelschnecken: Bänderung, Farbe, Größe

2.

Individuelle Lösung, darin:
Kinder haben Ähnlichkeiten mit ihren Eltern, manche mehr mit der Mutter, manche mehr mit dem Vater. Ähnlichkeiten sind aber immer vorhanden. Auch Geschwister sehen sich meist ähnlich. Dennoch gibt es Unterschiede zwischen den Elternteilen und den Kindern. Auch Geschwister unterscheiden sich. Bei Nichtverwandten kann es zwar Ähnlichkeiten geben, doch unterscheiden sie sich meist viel mehr als Verwandte. Nur manche Zwillinge sind sich sehr ähnlich, aber auch hier gibt es kleine Unterschiede, z. B. Fingerabdrücke.

3.

Bohne	Größe in mm	Bohne	Größe in mm	Bohne	Größe in mm
1	23	6	20	11	22
2	17	7	23	12	20
3	22	8	19	13	23
4	19	9	22	14	19
5	20	10	21	15	22

Ein Kreisdiagramm ist gut, um Mengen zu vergleichen, aber nicht für einzelne Messwerte. Ein Liniendiagramm wäre geeignet um eine zeitliche Abfolge darzustellen. Die gibt es hier aber nicht. Geeignet zur Darstellung von einzelnen Messwerten sind oft Balken- oder Säulendiagramme. Ein geeignetes Diagramm könnte so aussehen:

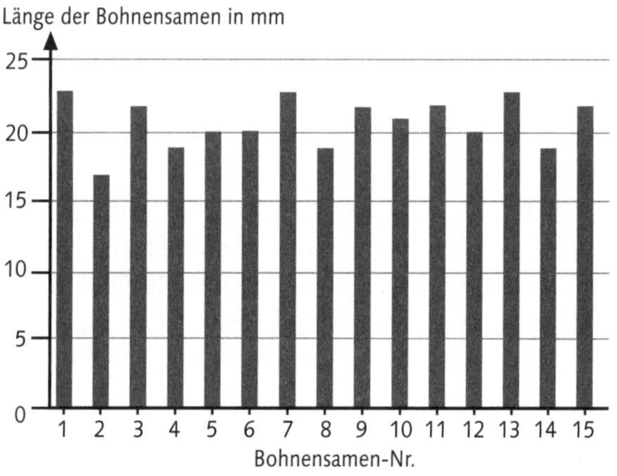

4.

Farbe der Käfer	Bestand vor einem Jahr	Aktueller Bestand
Hellgrün	9	5
Dunkelgrün	8	4
Hellgrau	6	2
Dunkelgrau	6	2

Mögliches Diagramm:

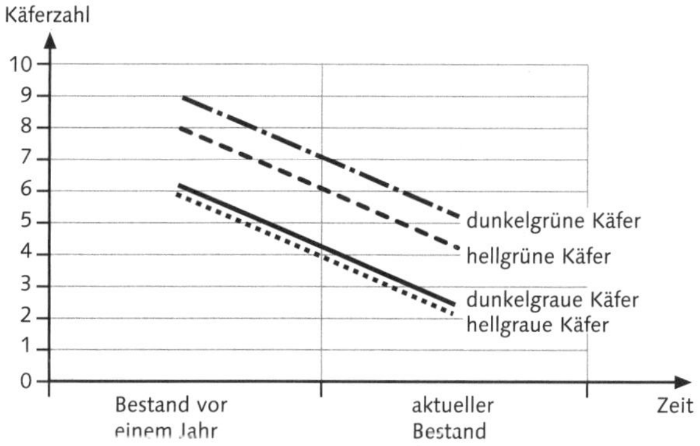

Alle Käferformen nehmen um jeweils 4 Exemplare ab, die Vögel haben alle Käfer etwa gleich häufig gefressen. Hellgrüne Käfer sind auf den hellgrünen Blättern gut getarnt. Sie sehen fast wie ein hellgrünes Blatt aus und sind daher an das Vorkommen auf den hellgrünen Blättern besonders gut angepasst. Vögel können die hellgrünen Käfer dort nur schlecht erkennen. Befindet sich ein hellgrüner Käfer auf dem grauen Fels, so ist er für die Vögel eine leichte Beute. Vergleichbares gilt ebenso für alle anderen Käferformen. Da in etwa gleich viele graue und grüne Flächen zu sehen sind, haben alle Käferformen Vor- und Nachteile durch ihre Färbung. Letztlich sind sie etwa gleich gut getarnt.

1.4 Haustiere und ihre wild lebenden Verwandten

Wildtiere und Haustiere sind sich ähnlich.	**1.** Abb. 1
Haustierwerdung	**2., 3.** Abb. 1
Haustiere und Züchtung	**1., 4.** Abb. 1, 2

1.

Wildtier und Haustier haben zum Beispiel Ähnlichkeiten:

Pferd: Körperbau, Fell, Hufe, Mähne, Schwanzform
Rind: Körperbau, Fell, paarige Hufe, Hörner
Schwein: Körperbau, Fell, Rüssel
Huhn: Federn, Hornschnabel, zwei Beine, zwei Flügel, allgemeine Körperform
Katze: Körperbau, Fell, stehende Ohren, Schwanz, Krallen
Hund: Körperbau, Fell, stehende Ohren, Schwanz
Biene: Körperbau, Lebensweise im Bienenstock
Für alle Tiere gilt: Wildtier und das entsprechende Haustier haben gemeinsame Vorfahren.

2.

Individuelle Lösung, die Zeitleiste könnte zum Beispiel so aussehen:

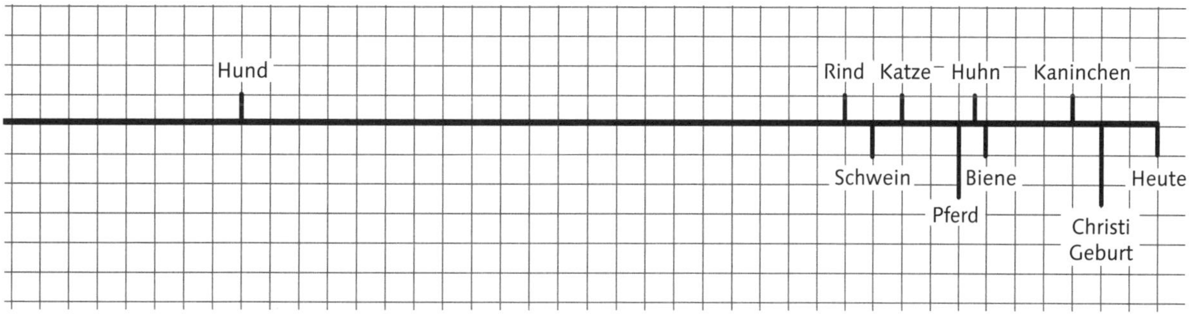

3.

Aussage 1 ist richtig (Begründung: Angabe in Abb. 1).
Aussage 2 ist richtig, da der Mensch bei der Züchtung nur Nachkommen von Tieren mit bestimmten Merkmalen weiter vermehrt hat.
Aussage 3 ist falsch, da es nie möglich war, alle wilden Rinder einzufangen.
Aussage 4 ist richtig (Begründung: Angabe in Abb. 1).
Aussage 5 ist wahrscheinlich richtig. Bienen sind vielleicht am wenigsten domestiziert. Sie leben wie Wildbienen im Bienenstock und können sich allein versorgen und frei bewegen. Sie bauen keine Beziehung zu Menschen auf. Der Mensch bietet ihnen nur attraktive Lebensbedingungen und erntet ihren Honig.

4.

In der Abbildung ist ein Fantasietier dargestellt. Es enthält Teile eines Huhns, eines Schweins, eines Rindes und eines Schafes. Diese Tiere gehören verschiedenen Arten von Lebewesen an. Sie sind so unterschiedlich, dass sie untereinander keine Nachkommen haben können. Eine geschlechtliche Fortpflanzung ist zwischen ihnen nicht möglich. Diese wäre notwendig, für Nachkommen, die dann Merkmale von beiden Elterntieren hätten.

2 Haustiere

2.1 Hunde sind beliebte Haustiere

Ich suche mir einen Hund aus.	**1.**
Bedürfnisse eines Hundes	**1., 3.** Abb. 4
Ernährung eines Hundes	**2.** Abb. 5, 6 Grundwissen
Kann ich dem Hund ein gutes Zuhause bieten?	**4.** Abb. 2, 3

1.

Wölfe	Hunde
laufen und bewegen sich gerne	laufen und bewegen sich gerne
leben gesellig im Rudel	leben in einer Menschenfamilie
ordnen sich dem Leittier unter	sehen den Besitzer als Leittier an und ordnen sich ihm unter
sind neugierige und oft verspielte Tiere	sind neugierige und oft verspielte Tiere
haben eine vielseitige Körpersprache, mit der sie drohen, Unterwürfigkeit zeigen oder zum Spielen auffordern	haben eine vielseitige Körpersprache, mit der sie drohen, Unterwürfigkeit zeigen oder zum Spielen auffordern
haben ein Revier in der Natur	Das Haus und die nähere Umgebung sind ihr Revier.
markieren ihr Revier mit Duftstoffen aus dem Urin	markieren ihr Revier mit Duftstoffen aus dem Urin
können besser riechen und hören als Menschen	können besser riechen und hören als Menschen
ernähren sich von Fleisch	ernähren sich von Fleisch

2.

Zahn	Bau	Funktion
Schneidezahn	flach und scharfkantig	Abnagen von Fleisch von den Knochen
Eckzahn	dolchartig	Greifen, Festhalten und Töten der Beute
Reißzahn	scharf, wie ein Scherenblatt	Abtrennen von Fleischstücken
vorderer Backenzahn	scharf, wie ein Scherenblatt	Abtrennen von Fleischstücken
hinterer Backenzahn	breit, höckerige Kaufläche	Zermalmen von Knochen

3.

Der Hund erfährt, dass
- die Postbotin von rechts nach links vorbeigekommen ist
- das Nachbarskind am Pfahl auf die Straße gelaufen ist
- das Nachbarskind später von links nach rechts gelaufen ist
- eine fremde Katze von links auf die Straße gelaufen ist
- der Nachbarshund vorbeigekommen ist und am Lüftungsschacht Duftspuren als Reviermarkierung hinterlassen hat

- der Nachbarshund auf dem Rückweg Duftspuren am Pfahl hinterlassen hat
- im Rinnstein Duftspuren vorhanden sind

4.

Individuelle Lösung, darin z. B.
- Der Hund braucht viel Bewegung.
- Der Hund benötigt viel Gesellschaft und Spielzeit mit dem Besitzer.
- Der Hund muss das richtige Futter bekommen.
- Der Hund benötigt klare Regeln.

Alle Bedingungen sind richtig und müssen erfüllt werden.

2.2 Wölfe – Vorfahren unserer Haushunde

In Niedersachsen gibt es wieder Wölfe.	Abb. 2
Wie leben Wölfe?	**1.** Abb. 1 a–c
Wölfe und Hunde	**2., 3.**
Wolf und Mensch	**4., 5.** Abb. 3, 2

1.

a) Die Abbildung 1 zeigt oben die beiden Elterntiere. Darunter sind zwei Jungwölfe aus dem Vorjahr abgebildet. Unten sieht man die vier diesjährigen Welpen.
b) Individuelle Lösung.

2.

Wölfe leben in Rudeln. Sie sind also soziale Tiere. Die jungen Tiere lernen ihre Artgenossen im Rudel kennen und ordnen sich den ranghöheren Tieren unter. Für Hunde sind die Menschen das Rudel und sie gehorchen dem Besitzer. Junge Wölfe lernen von ihren Artgenossen. Junge Hunde lernen von den Menschen, wie sie sich verhalten müssen.

3.

Halter müssen die Herdenschutzhunde zusammen mit den Schafen aufziehen. So lernen die Hunde auch die Schafe als Rudelmitglieder kennen und verteidigen sie gegen Feinde.

4.

Individuelle Lösung, z. B.:
Das Erscheinen des Wolfes wird als eine bedrohliche Situation empfunden, die allerdings von dem Mädchen offenbar nicht wahrgenommen wird. Das Verhalten des Wolfes ist untypisch, weil er als scheues Tier sich dem Menschen nicht so weit nähern würde. Dass der Wolf ein scheues Tier ist, kann man dem Zeitungsbericht entnehmen. Die Beobachtung ist offenbar so schwierig, dass Fotofallen verwendet werden müssen.

5.

Individuelle Lösung.

M Fünf-Schritt-Lesemethode

1.

1. Schritt: Individuell
2. Schritt: Individuell

3. Schritt:
   1. Beschreibung
   2. Gewicht
   3. Herkunft
   4. Fortpflanzung
   5. Zähne
   6. Lebensweise
   7. Verständigung
   8. Alter

4. Schritt:

Das Hausmeerschweinchen

Das Hausmeerschweinchen gehört zur Familie der Nagetiere. Es hat einen gedrungenen Körperbau. Hausmeerschweinchen erreichen eine Körperlänge von 20 bis 35 Zentimetern. Die Ohren und Beine sind kurz. Das Fell ist glatt, wirbelig oder langhaarig. Die Fellfarbe ist entweder rot, braun, schwarz oder weiß.

Während die Männchen ein Gewicht von 1000 bis 1400 Gramm auf die Waage bringen, liegt das Gewicht der Weibchen zwischen 700 bis 1100 Gramm.

Die Vorfahren der heutigen Hausmeerschweinchen stammen aus Südamerika. Dort wurden sie von den Indianern als Haustiere gehalten. Den Namen „Meerschweinchen" erhielt es, weil es über das Meer nach Europa gebracht wurde und weil es ein wenig wie ein kleines Schwein aussieht.

Hausmeerschweinchen können sich das ganze Jahr über paaren. Ein Wurf kann aus bis zu 13 Jungen bestehen. Sie werden drei Wochen lang von ihrer Mutter gesäugt. Schon nach ein bis zwei Monaten sind die jungen Meerschweinchen geschlechtsreif.

Hausmeerschweinchen sind Pflanzenfresser. Am liebsten fressen sie trockenes Heu. Damit sie gesund bleiben, sollten sie außerdem mit verschiedenen Futterpflanzen, z. B. Löwenzahn oder Gänseblümchen sowie Gemüse, z. B. Möhren oder Gurken gefüttert werden. Man darf ihnen auf keinen Fall nasses Gras geben, da sie sonst krank werden.

Da die Zähne der Hausmeerschweinchen ständig nachwachsen, muss man ihnen zum Nagen z. B. ein Stück Holz in den Käfig legen. Durch das Nagen werden die Zähne abgeschliffen.

Hausmeerschweinchen sind gesellige Tiere. Damit sie sich wohl fühlen und gesund bleiben, muss man sie mindestens mit einem anderen Meerschweinchen zusammenhalten. Hält man ein Hausmeerschweinchen allein, wird es bald krank und stirbt.

Hausmeerschweinchen erkennen sich gegenseitig am Geruch. Durch Pfeifen und Quietschen verständigen sie sich mit anderen Artgenossen. Haben sie Angst, stoßen sie ein grelles Quietschen aus und legen sich flach auf den Boden.

Die Lebenserwartung von Meerschweinchen liegt zwischen fünf und sieben Jahren. Wenn sie sehr gut gepflegt werden und gesund bleiben, können sie auch zehn Jahre oder älter werden.

5. Schritt: Mehrschweinchen sind Nagetiere und stammen aus Südamerika. Sie können eine Körperlänge von 35 Zentimetern und ein Gewicht von 1400 Gramm erreichen. Die Weibchen sind kleiner. Ein Wurf kann bis zu 13 Junge haben. Die jungen Meerschweinchen sind nach ein bis zwei Monaten geschlechtsreif. Meerschweinchen sind Pflanzenfresser. Als gesellige Tiere sollen sie mindestens mit einem weiteren Meerschweinchen zusammen gehalten werden.

2.3 Hundezüchtung

Nachkommen haben Ähnlichkeiten mit ihren Eltern, unterscheiden sich aber auch von ihnen.	Abb. 1

Ausgewählte Tiere mit bestimmten Eigenschaften sollen Merkmale an ihre Nachkommen vererben.	**3.** Abb. 5

Hunderassen wurden aus Wölfen gezüchtet.	**1.** Abb. 2, 3

Der Mensch hat Verantwortung für die Züchtung.	**2.** Abb. 4

1.
Individuelle Lösung, darin:
Nachkommen sind unterschiedlich. Bewusste Auswahl der Elterntiere mit bestimmten Merkmalen führt zu einer erhöhten Wahrscheinlichkeit, dass in der nächsten Generation diese Merkmale wieder auftreten, eventuell sogar verstärkt. Dies führt über Generationen hinweg zu verändertem Aussehen und veränderten Eigenschaften der Tiere.

2.
Individuelle Lösung, darin: Fehlendes Fell führt dazu, dass ein natürliches Leben z. B. in der Sonne nicht möglich ist. Das veränderte Gebiss erlaubt keine natürliche Ernährung (Fleisch) mehr. Die Züchtung widerspricht daher dem deutschen Tierschutzgesetz. Ordnung und Gewichtung der Merkmale sind individuell.

3.
Will man Hunde mit kurzen Beinen züchten, sollten die jeweiligen Eltern möglichst kurze Beine haben. In der zweiten Generation gibt es nur ein Weibchen, Maja. Diese hat zwar lange Beine, aber weil keine Hündin mit kurzen Beinen vorhanden ist, muss man mit ihr weiter züchten. Man müsste sie mit Björn oder Tjado verpaaren. Dadurch treten in der dritten Generation wahrscheinlich auch kurzbeinige Weibchen auf, die man dann mit z. B. Hanno oder Björk verpaaren könnte. So könnte man Hunde mit noch kürzeren Beinen erhalten.

2.4 Wölfe jagen im Rudel

Die Jagd auf Bisons	**1., 2.** Abb. 1, 2

Meist ist die Jagd vergeblich.	**3. a** Abb. 3

Große Beute ist besser.	**3. b, 4.** Abb. 4

Rudelgröße	**5.** Abb. 4, 5

1.
Die Wölfe 5 und 6 hetzen den Bison. Wolf 3 verlegt ihm den Weg, so dass er seine Fluchtrichtung ändert und zu den versteckten Wölfen 1 und 2 läuft. Die Wölfe 1 und 2 lauern versteckt, bis der Bison bei ihnen erscheint. Der ist damit eingekreist und wird von den Wölfen getötet.

2.
a) Die Wölfe haben den offensichtlich erschöpften Bison eingekreist, halten sich aber von der Vorderseite mit den gefährlichen Hörnern fern.
b) Vermutlich werden die Wölfe den Bison von hinten angreifen und versuchen, ihn zu Fall zu bringen. Anschließend wird der Bison getötet.

3.

a) 131 mal haben die Wölfe einen Elch aufgespürt und die Jagd begonnen. 36 mal suchte der Elch Zuflucht im Wasser, so dass die Wölfe die Jagd aufgaben. 88 mal entkam der Elch durch Flucht. 1 mal entkam der Elch, obwohl er verletzt war. Nur in 6 Fällen war die Jagd auf Elche erfolgreich.

b) Gelingt bei einem großen Beutetier die Jagd, hat das ganze Rudel für längere Zeit genug zu fressen. Es muss also selten gejagt werden. Das spart Energie. Bei kleinen Beutetieren muss viel häufiger gejagt werden. Das ist viel energieaufwendiger als wenn ab und zu ein großes Beutetier erjagt wird.

4.

Hier ist ein Kreisdiagramm sehr geeignet.

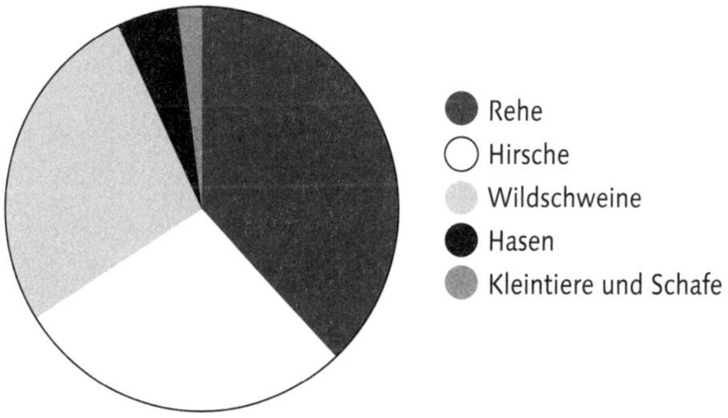

Große Tiere werden als Beutetiere bevorzugt. Das größte vorkommende Beutetier ist der Hirsch. Allerdings sind Rehe und Wildschweine auch gute Beutetiere. Dabei spielt es auch eine Rolle, wie häufig ein Beutetier vorkommt und wie leicht es sich erbeuten lässt. Die Tatsache, dass 38 % Rehfleisch gefressen wird, deutet darauf hin, dass Rehe besonders häufig vorkommen und sich leicht erbeuten lassen. Auch Wildschweine scheinen häufiger vorzukommen, da ihr Anteil an der Nahrung etwas höher ist als der der Hirsche, obwohl die Wildschweine kleiner sind.

5.

In beiden Rudeln gibt es Alttiere. Im Muskauer Heide Rudel ab 1998 zwei, offenbar spätestens ab 2000 ein Paar. Ab da werden immer Welpen geboren und ab 2001 sind immer Jährlinge im Rudel. Wenn die Jährlinge älter werden, wandern sie ab. Im Neustädter Rudel gibt es seit 2002 ein Paar Altwölfe. Offenbar überlebten die 2003 geborenen Jungwölfe aber nicht. 2004 werden keine Jungen großgezogen. Das Muskauer Heide Rudel ist also sehr stabil, das Neustädter Rudel nicht.

M Vergleichen

1.

Es sollen die Verhaltensweisen bei der Jagd bei Wölfen und Hauskatzen verglichen werden. Der Vergleich bezieht sich nur auf Informationen aus Abb. 1 und Abb. 2. Die Darstellung kann in Textform in Stichpunkten erfolgen. Gemeinsamkeiten der Jagd bei Wölfen und Hauskatzen:

- Beide sind Raubtiere, sie fressen unter anderem Säugetiere (Wolf: z. B. Rentiere, Katze: z. B. Maus).
- Beide bemerken ihre Beute aufgrund ihres guten Gehörs.
- Beide töten die Beute durch einen Biss.

Unterschiede:

- Wölfe jagen im Rudel, Katzen einzeln.
- Wölfe jagen vor allem tagsüber, Katzen in der Dämmerung und nachts.
- Wölfe hetzen ihre Beute, bis sie sie einholen, Katzen schleichen sich lautlos an und warten, bis z. B. die Maus aus ihrem Loch kommt.
- Wölfe springen die Beute an, Katzen ergreifen Mäuse mit ihren scharfen Krallen und drücken sie nieder.
- Die Beutetiere der Wölfe sind viel größer als die der Katzen.
- Mehrere Wölfe jagen zusammen und fressen gleichzeitig an einem Beutetier, Katzen jagen und fressen alleine.

Zusammenfassung: Wölfe sind Hetzjäger, die als Rudel gemeinsam große Tiere erbeuten. Katzen jagen als Einzelgänger, sie schleichen sich an, warten und ergreifen dann kleine Beutetiere.

2.

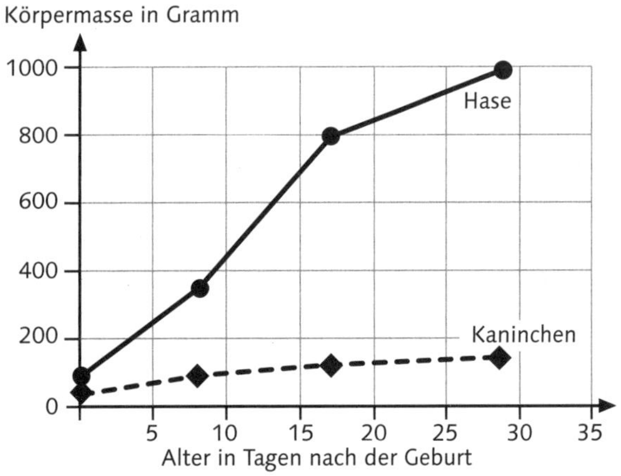

Der Hase nimmt nach der Geburt sehr viel schneller an Masse zu als das Kaninchen. Nach vier Wochen hat sich die Masse des Kaninchens nur verdreifacht, die des Hasen bereits verzehnfacht.

3.

a)

	Rotbuche	Stieleiche
Blattform	ganzrandig, gestielt	gebuchtet, ungestielt
Frucht	Buchecker	Eichel
Wuchsform	höher als breit, Äste weniger verzweigt und gerader als bei der Eiche	Äste stark verzweigt
Borke	glatt, gräulich	stark gefurcht, braun

b) Weitere mögliche Gesichtspunkte für einen Vergleich: Verbreitung, Vorkommen, Zeitpunkt der Blüte, Zeitpunkt der Fruchtbildung, Wachstumsgeschwindigkeit, Verwandtschaft mit anderen Arten, Alter, Größe.

2.5 Katzen sind Schleichjäger

Katzen gehen alleine auf Jagd.	**1., 2.** Abb. 1, 2, 4
Katzen können auch nachts jagen.	**5.** Abb. 3
Katzen sind Einzelgänger.	**3.**
Löwe, Tiger, Leopard und Luchs sind auch Katzen.	**4.** Abb. 5

1.

Der Körper ist geduckt, die Augen sind auf die Beute gerichtet. Die linke Vorderpfote ist leicht angehoben, um wieder vorsichtig aufzutreten. Der Schwanz ist erhoben.

2.

1: Schneidezahn 3: Eckzahn
2: Reißzahn 4: Backenzahn

Die Katze ist ein Fleischfresser und hat ein Fleischfressergebiss. Mit den Schneidezähnen können Fleischstücke von den Knochen genagt werden. Mit den Eckzähnen kann die Katze die Beute festhalten und töten. Mit den Backenzähnen können Fleischstücke wie mit einer Schere abgeschnitten werden. Besonders sind dazu die großen Reißzähne geeignet.

3.

Katzen sind als Einzelgänger mehr an ihr Revier gebunden als an Menschen oder andere Katzen. Deshalb läuft die Katze immer wieder in ihr altes Revier zurück. Hunde sind Rudeltiere und an ihr Rudel, die Menschen, gebunden. Deshalb bleiben die Hunde bei einem Umzug bei ihren Besitzern. Das Revier spielt dabei keine große Rolle.

4.

a) Individuelle Lösung.

b) Löwe, Tiger, Leopard und Luchs haben einen ähnlichen Körperbau wie die Katze. Sie sind, wie diese, Fleischfresser und schleichen sich zunächst an ihre Beute an. Sie alle haben Tasthaare an der Oberlippe.

5.

Die Tasthaare signalisieren einer Katze bei Dunkelheit, wenn ein Hindernis im Weg ist. Außerdem können Katzen sehr gut hören. So können sie auch bei Dunkelheit die Beute wahrnehmen. Die Augen sind an die Nacht angepasst. Bei Dunkelheit sind die Pupillen weit geöffnet, so dass viel Licht in die Augen fallen kann.

2.6 Haltung von Katzen

Sind Katzen ein Ärgernis?	**1.** Abb. 2, 3
Wie soll man Katzen halten?	**2., 3.** Abb. 4
Katzenzüchtung	**4.** Abb. 1

1.

a) Individuelle Lösung, darin zum Beispiel:
Katzen sind als Heimtiere sehr beliebt. Es leben mehr als 7 Millionen in Deutschland. Davon streunen etwa 2 Millionen herrenlos umher. Streunende Katzen sind oft unterernährt und krank. Naturschützer fordern, dass Katzen sterilisiert werden müssen, ausgenommen Tiere für die Züchtung. Katzen machen häufig Jagd auf Singvögel. Unter guten Bedingungen für die Vögel können diese die Verluste ausgleichen. Bei einigen Arten, z. B. Bodenbrütern, tragen Katzen stark zum Rückgang bei.

b) Individuelle Lösung.

2.

Individuelle Lösung, darin soll enthalten sei:
Die Katzen müssen ausreichend Bewegungsmöglichkeiten haben. Sie brauchen Spielmöglichkeiten und viel Abwechslung. Gut sind Klettermöglichkeiten und sie brauchen Gelegenheiten zum Krallenschärfen. Sie benötigen viel Zuwendung.

3.

Individuelle Lösung.

4.

Auch bei den Falbkatzen unterscheiden sich die Tiere. Zur Züchtung von Katzen mit dunklem langen Fell muss man Tiere mit möglichst dunklem und langen Fell untereinander paaren. Sind sie nicht vorhanden, kann man zunächst Katzen mit dunklem aber kurzen Fell mit Katzen kreuzen, die ein langes, aber helles Fell besitzen. Man erhält dann mit größerer Wahrscheinlichkeit Katzen mit längerem und dunklerem Fell, die man dann untereinander wieder paaren kann.

2.7 Verständigung mit artspezifischen Signalen

Verständigung bei Menschen	Abb. 2
Wölfe und Hunde verständigen sich durch arttypische Signale.	**1., 2., 3.** Abb. 1, 3, 4
Hunde richtig verstehen und führen	**4.**

1.
Der rechte Wolf ist der Sender. Er sendet das Signal, indem er mit der Pfote dem anderen Wolf in das Gesicht tatscht. Das Signal könnte bedeuten „spiel mit mir". Der linke Wolf ist der Empfänger, der das Signal aufnimmt, indem er die Pfote spürt.

2.
a) Der linke Wolf steht aufrecht und hat die Ohren aufgestellt. Das Maul ist offen und die Zähne sind zu sehen. Er blickt den rechten Wolf an. Der rechte Wolf ist geduckt, der Schwanz ist zwischen den Hinterbeinen eingeklemmt. Die Ohren sind angelegt und das Maul geschlossen, nur die Zungenspitze ist zwischen den Lippen zu sehen.
b) Der linke Wolf droht dem rechten Wolf. Seine Körperhaltung entspricht der des drohenden Hundes in Abbildung 4. Wölfe und Hunde haben die gleiche Körpersprache. Der rechte Wolf zeigt dementsprechend Angst und Unterwerfung.

3.

Körperhaltung	Aufmerksam	Drohen	Spielaufforderung	Angst/Unterwerfung
Schwanz	waagrecht, kann leicht hin und her schwingen	aufgerichtet, kann zucken oder vibrieren	hochgerichtet, kräftiges Wedeln	gesenkt, oft zwischen den Hinterbeinen eingeklemmt
Körperhaltung	locker	angespannt, nach vorn geneigt	Oberkörper gesenkt	geduckt
Ohren	nach vorn gerichtet	nach vorn gerichtet	aufgestellt	angelegt
Maul	geschlossen	geöffnet, Zähne gut zu sehen	offen, manchmal Zunge zu sehen	geschlossen, Mundwinkel zurückgezogen
Weiteres	Augen weit offen	Haare gesträubt, Stirn und Nasenrücken in Falten	Augen weit offen	schwitzende Pfotenballen, nur indirekter Augenkontakt

4.
Es kann zu Missverständnissen zwischen Mensch und Hund kommen. Der Mensch will z. B. mit dem Tier spielen, das fühlt sich durch die Körperhaltung und den Blick in die Augen bedroht und will sich verteidigen. Gegenüber fremden Hunden ist man vorsichtiger, so dass solche Situationen seltener auftreten.

Beim Hundeführerschein soll der Besitzer lernen, gefährliche Situationen frühzeitig zu erkennen und Vorsorge zu treffen. Außerdem muss er nachweisen, dass er die richtigen Kommandos gegenüber dem Hund kennt und dieser ihm auch gehorcht. Gehorsamkeitsübungen und eine enge Bindung zwischen Besitzer und Hund sind für die Bewältigung von Stresssituationen wichtig.

3 Nutztiere

3.1 Auerrinder – die Vorfahren heutiger Rinder

Die Lebensweise der Auerrinder	**2.** Abb. 1, 3, 9
Vergleich mit der Lebensweise der heutigen Rinder Vergleich mit der Lebensweise der heutigen Rinder	**2.** Abb. 9, Kap. 3.3
Das Rind als Milcherzeuger	**1.** Abb. 6
Züchtungsziele	**3., 4.** Abb. 2, 4, 5, 8, 9

1.

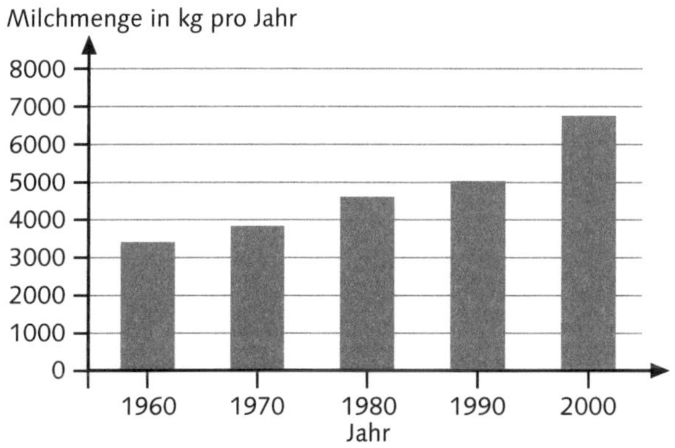

Die Milchmenge nahm in den letzten 50 Jahren ständig zu. Dies ist vor allem auf Züchtung zurückzuführen. Züchter ließen nur Rinder mit hoher Milchleistung zur Fortpflanzung kommen. Dabei wurden Bullen, die von Rindern mit hoher Milchleistung abstammten, mit Kühen mit hoher Milchleistung verpaart. Die nächste Generation enthielt dann Tiere mit noch höherer Milchleistung. Zusätzlich kann auch eine bessere Futterauswahl zur Steigerung der Milchmenge beigetragen haben.

2.

Auerrinder	Nutzrinder
leben in kleinen Herden	leben in Boxenlaufställen oder Anbindehaltung bzw. Gruppenhaltung bei Mastbullen
leben in lichten Wäldern	leben meist im Stall
Gras als Nahrung	Häufig Kraftfutter
Kühe und Bullen leben zusammen.	Kühe und Bullen werden getrennt gehalten.
enge Bindung zwischen Kuh und Kalb	sehr frühe Trennung von Kuh und Kalb
Das Kalb wird gesäugt.	Kälber werden mit künstlicher Nahrung ernährt.

3.

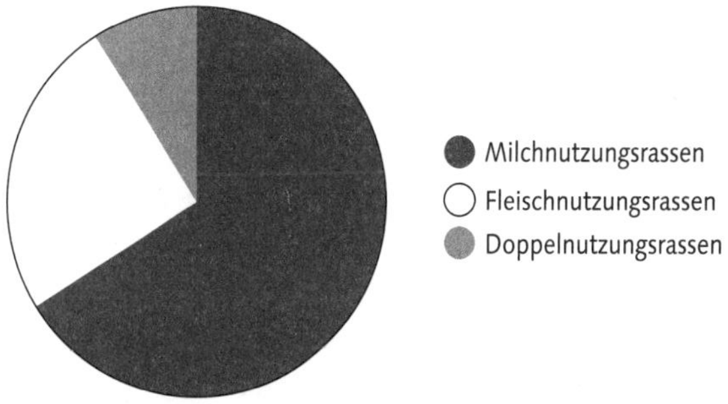

Milchnutzungsrassen: Die Rinder wurden auf eine hohe Milchleistung gezüchtet.
Fleischnutzungsrassen: Die Rinder wurden auf hohes Gewicht und schnelles Wachstum gezüchtet.
Doppelnutzungsrassen: Das Zuchtergebnis ist ein Kompromiss zwischen hoher Milchleistung und hohem Gewicht bei schnellem Wachstum.

4.
Die Schwarzbunten haben die geringste Masse, aber die höchste Milchleistung. Die Tiere wurden also für die Milchproduktion gezüchtet. Charolaisrinder haben das höchste Gewicht und die größte Gewichtszunahme zu verzeichnen, geben aber nur wenig Milch. Sie wurden für die Fleischproduktion gezüchtet. Rotbunte und Fleckvieh sind Doppelnutzungsrassen. Sie werden zur Milcherzeugung und Fleischerzeugung eingesetzt.

3.2 Das Rind – ein spezialisierter Pflanzenfresser

Das Verdauungssystem des Rindes	**1.** Abb. 1, 2, 3
Die Besonderheiten des Pflanzenfressergebisses	**2.** Abb. 4, 5, 6
Nahrung und Darmlänge	**3.** Abb. 7

1.

1: Speiseröhre
2: Pansen
3: Netzmagen
4 Blättermagen
5: Labmagen
6: Dünndarm

Die Nahrung gelangt nahezu unverdaut über die Speiseröhre in den Pansen und den Netzmagen. Dort wird sie angefeuchtet und von Bakterien und Kleinlebewesen zersetzt. Anschließend wird die Nahrung wieder zurück in das Maul befördert und erneut, diesmal gründlich, zerkleinert. Deshalb zählt man Rinder zu den Wiederkäuern. Vom Maul gelangt der nun dünnflüssige Nahrungsbrei durch den Pansen und den Netzmagen in den Blättermagen. Dort wird dem Nahrungsbrei Wasser entzogen. Anschließend gelangt die Nahrung in den Labmagen und schließlich in den Darm.

2.

Das Rind besitzt vorne im Unterkiefer Schneidezähne und kleine Eckzähne. Nach hinten folgt eine große Lücke bis zu den Backenzähnen. Im Oberkiefer fehlen Schneidezähne und Eckzähne. Dafür hat das Rind eine Kauplatte. Mit den großflächigen Backenzähnen wird das Gras zermahlen. Rinder besitzen ein Pflanzenfressergebiss.
Das Gebiss des Pferdes ist dem des Rindes ähnlich. Auch Pferde haben ein Pflanzenfressergebiss. Es unterscheidet sich vom Rind dadurch, dass auch im Oberkiefer Schneidezähne vorhanden sind. Eckzähne gibt es nur bei den Hengsten.
Hunde haben ein völlig anderes Gebiss. Sie sind Fleischfresser und haben dolchartige Eckzähne zum Festhalten und Töten der Beute. Ihre vorderen Backenzähne und Reißzähne dienen zum Abschneiden von Fleischstücken. Die hinteren Backenzähne dienen zum Zermalmen von Knochen. Hund haben keine Mahlzähne.

3.

Pflanzenfresser besitzen einen längeren Darm als Fleischfresser. Die Darmlänge von Allesfressern liegt dazwischen. Offenbar ist pflanzliche Nahrung schwerer verdaulich als Fleisch. Pflanzenfresser benötigen daher einen längeren Darm.

3.3 Das Rind – unser wichtigstes Nutztier

Rinderhaltung früher und heute	**1., 2. a,** Abb. 1, 2
Formen der Rinderhaltung	**2. a, 2. b** Abb. 3, 4, 6
Wandel in der Milchwirtschaft	**3.** Abb. 5

1.
Früher: 2 mal Melken am Tag pro Kuh: 2 x 10 min = 20 min
= > 12 x 20 min bei 12 Kühen = 240 min = 4 Std.
Heute: 6 Kühe werden gleichzeitig in 6 min gemolken. Für 12 Kühe werden also 12 min benötigt. Bei 2 mal Melken benötigt man 2 x 12 min = 24 min. Das Melken benötigte früher also 10 mal soviel Zeit im Vergleich zu heute.

2.
a) In der Anbindehaltung haben die Tiere keine Möglichkeit zu laufen. Sie können sich nur im Stand bewegen. Soziale Kontakte zu den anderen Tieren sind nicht möglich. Diese Lebensweise hat fast nichts mit der der Auerrinder gemeinsam. In der Gruppenhaltung haben die Tiere Bewegungsmöglichkeiten und können zu anderen Tieren Kontakt aufnehmen. Somit existiert eine „Herde“. Diese Lebensweise kommt der der Auerrinder erheblich näher als die der Anbindehaltung.
b) In der Boxenlaufhaltung haben die Tiere begrenzt Bewegungsmöglichkeiten und können mit anderen Tieren wie in der Herde Kontakt aufnehmen. Dies entspricht weitgehend den natürlichen Bedürfnissen. Allerdings widerspricht die frühe Trennung der Kälber von den Kühen dem natürlichen Verhalten der Rinder.

3.
Die Zahl der Milchkühe ist von 1970 bis 2011 auf ca. 2/3 gesunken. Die Zahl der Milchkuhhalter war 1970 6,5 mal höher als 2011. Dadurch hat sich die Zahl der Milchkühe pro Halter von 7 auf 30 erhöht. Mögliche Ursachen: Durch die veränderte Haltung und Technik kann ein Halter in kürzerer Zeit viel mehr Kühe versorgen als früher. Zudem werden durch die gestiegene Milchleistung weniger Kühe gebraucht, denn die Bevölkerung hat sich in dem Zeitraum nur wenig verändert. Wenn man nur wenige Kühe hält, bietet das keine Lebensgrundlage mehr. Viele Bauern haben daher die Landwirtschaft aufgegeben.

M Einfache Diagramme

1.
Eine Auswertung könnte so aussehen:
In dem Diagramm wird die Anzahl von Hirschen, Rehen und Wildschweinen in den drei Jagdrevieren Augustenhof, Zumwald und Grindwald dargestellt. In allen Revieren ist die Zahl der Rehe mit Abstand am größten. Sie ist sogar größer als die Zahl der Hirsche und Wildschweine zusammen, in Augustenhof und Grindwald gibt es sogar mehr als doppelt so viele Rehe als Hirsche und Wildschweine zusammen. Zumwald hat die geringste Anzahl an Rehen. Dort ist aber die Zahl der Hirsche am größten, gefolgt von Augustenhof. In Grindwald ist die Hirschzahl deutlich geringer als in den beiden anderen Revieren. Auch die Zahl der Wildschweine ist in Zumwald am höchsten, dicht gefolgt von Grindwald und Augustenhof.

3.4 Wildschweine – wild lebende Verwandte unserer Hausschweine

Vergleich Wildschwein – Hausschwein	**1.** Abb. 1, 2, 3, 5
Haltung von Hausschweinen	**3.** Abb. 3
Züchtungen von Hausschweinen	**2., 4.** Abb. 6, 7

1.

	Wildschwein	Hausschwein
Körperbau	hochrückig, hochbeinig, kurz	kürzere Beine, langer massiger Körper
Kopfform	keilförmig, langer Rüssel, Eckzähne als Hauer	gedrungener Kopf, kurzer Rüssel, keine Hauer
Behaarung	dichtes dunkles Fell	kaum Haare, rosige Farbe
Leben	in Familienverbänden (nur die Keiler sind Einzelgänger)	Ferkel 6 Wochen in der Aufzuchtbox, anschließend Trennung von der Mutter und Leben im Mastbetrieb
Ernährung	Allesfresser	Allesfresser
Fortpflanzung	1 mal im Jahr 4–12 Frischlinge	2 mal im Jahr 8–13 Ferkel

2.

Die alten Rassen sind kürzer und gedrungener. Sie sind dicker als die Deutsche Landrasse und haben ein dickeres Fell. Die alten Rassen haben also offensichtlich weniger Fleisch, dafür aber mehr Fett. Solche Tiere sind heute nicht mehr gefragt, da die Menschen viel Fleisch, aber weniger Fett wollen.

3.

Wildschweine leben ganzjährig in Familienverbänden (nur die Keiler sind Einzelgänger). Bei den Hausschweinen werden die Jungtiere früh von der Mutter getrennt. Wildschweine haben viel Bewegung und wälzen sich gerne im Schlamm. Hausschweine stehen dicht gedrängt in einer Box und haben wenig Bewegungsmöglichkeiten. Sie haben keine Gelegenheit für Schlammbäder oder zum Wühlen.
Von einer artgerechten Haltung kann man bei Hausschweinen daher nicht sprechen.

4.

Um 1800 erreichte ein Hausschwein nach drei Jahren eine Masse von 40 kg. 1850 waren es schon 70 kg in nur zwei Jahren. Um 1900 erreichten die Schweine schon nach einem Jahr 100 kg, und 1950 nach einem Jahr 150 kg.

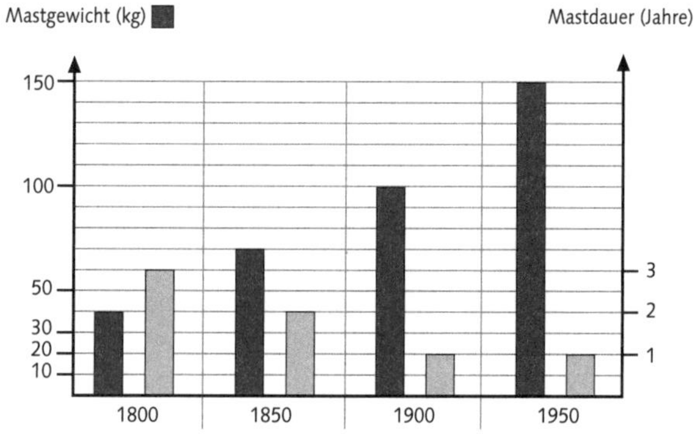

Zur Züchtung hat man vermutlich immer Schweine, die schnell wuchsen und ein hohes Körpergewicht erreichten, untereinander verpaart. Unter den Nachkommen gab es dann Schweine, die noch schneller wuchsen und noch schwerer wurden.

B Wiederholen mit Basiskonzepten zum Thema »Haustiere und Nutztiere«

1. Information und Verständigung, Fortpflanzung, Stoff- und Energieumwandlung
2. Vielfalt und Angepasstheit, Geschichte und Verwandtschaft
3. Vielfalt und Angepasstheit
4. Vielfalt und Angepasstheit
5. Struktur und Funktion
6. Information und Verständigung
7. Vielfalt und Angepasstheit

4 Säugetiere in ihrem Lebensraum

4.1 Der Maulwurf – Leben im Erdboden

Der Bau des Maulwurfs	**1., 3.** Abb. 2, 4, 6
Das Leben unter der Erde	**2.** Abb. 1, 3, 5
Erforschung der Sinne	**4.**

1.

1: Jagdgang
2: Tränke
3: Laufgang
4: Wohnkessel
5: Rundgang
6: Aushubgang
7: Vorratsräume

2.

a)

Bau des Merkmals	Aufgabe
Rüsselknorpel	schützt die Nase
kräftige Arme	Graben
nach außen gedrehte Grabhände	Graben, Lockerung der Erde
Sichelbein	vergrößert die Grabhände
Insektenfressergebiss mit vielen spitzen Zähnen	Greifen der Beute, Aufbrechen der Chitinpanzer
kleine Augen	geschützt im Fell vor der Erde
im Fell verborgenen Ohren	geschützt vor der Erde, Aufspüren der Beute
guter Geruchssinn	Aufspüren der Beute
Haare, die sich in alle Richtungen umlegen lassen	Maulwurf kann sich ohne Widerstand vorwärts und rückwärts bewegen.
muskulöser Körper	Festdrücken der Wände

b) Alle Merkmale ermöglichen das Überleben unter der Erde.

3.

Der Maulwurf lebt dauerhaft in seinem Bau unter der Erde und kommt nur selten hervor. Kaninchen sind häufig über der Erde und suchen dort auch ihre Nahrung. Der Bau hat nur Schutzfunktion.

Bestandteil	Maulwurfsbau	Kaninchenbau
Wohnkessel	vorhanden	vorhanden
Vorratskammern	vorhanden	nicht vorhanden
Tränke	vorhanden	nicht vorhanden
Jagdgang	vorhanden	nicht vorhanden
Laufgang	vorhanden	vorhanden
Aushubgang	vorhanden	nicht vorhanden
Rundgang	vorhanden	nicht vorhanden
Satzröhre	nicht vorhanden	vorhanden
Ausgänge	nicht vorhanden	vorhanden

4.

Der Versuchsaufbau von KRISZAT könnte so aussehen:

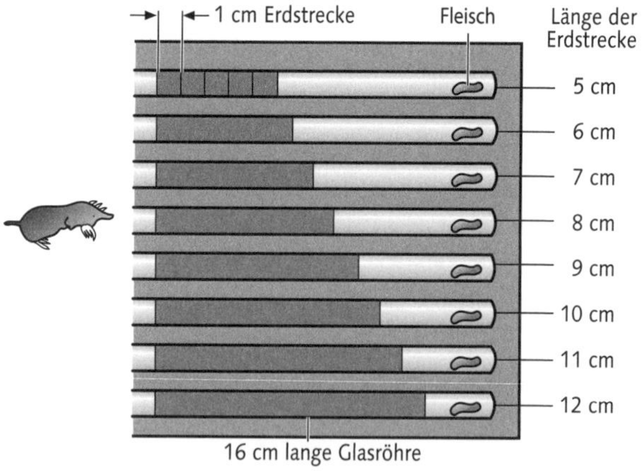

Da die Fleischstücke ohne Bewegung und Geräusch in der Glasröhre liegen, kann sie der Maulwurf nur durch Geruch wahrnehmen. KRISZAT wollte durch den Versuch testen, aus welcher Entfernung ein Maulwurf seine Beute (hier die Fleischstücke) durch die Erde hindurch riechen kann.

M Beobachten und Beschreiben

1.

Beobachten:
Definition: aufmerksame Betrachtung eines Vorganges mit dem Ziel, entsprechend einer vorgegebenen Fragestellung bestimmte Informationen zu erhalten.
Bei diesem Operator liegt der Schwerpunkt im genauen Hinsehen, nicht im Beschreiben von dem was man sieht. Dies soll erst mit dem Operator „beschreiben“ erfolgen.
Beschreiben:
Definition: Strukturen, Merkmale oder Sachverhalte mit eigenen Worten wiedergeben.
Bei diesem Operator sollst du das, was du zum Beispiel beobachtet hast mit eigenen Worten darstellen. Diesem Operator geht das genaue Hinschauen voraus.

2.

Name des Tieres	Giraffe	Zebra
Merkmal	**Beschreibung**	**Beschreibung**
Kopfform	schmal	groß, vorne rundlich
Augen	groß, seitlich liegend, dunkel	groß, seitlich liegend, dunkel
Ohren	lang und aufgerichtet	spitz, nach oben/ vorne gerichtet
Körperbau	schlank, sehr langer Hals, abfallender Rücken	muskulös, gerader Rücken
Fellfarbe	gelb bis braun gefleckt	schwarz-weiß gestreift, struppige Mähne
Beine	vier dünne Beine	vier dünne Beine
Füße	Hufe (auf dem Foto nicht zu sehen)	Hufe

Beschreibung in Textform: Individuelle Lösungen

3.

Mund	Füße	Arme	Körperbedeckung
Schnauze	Hufe	Flossen	Schuppen
Maul	Zehen	Tentakel	Pelz
Schnabel	Vorderpfote		Borsten
			Panzer
			Fell

4.

Kamel: Kopf nach vorne gerichtet, geschwungener Hals, Mähne am Kopf und am Hals, schmale Augen, zwei Rückenhöcker, vier Beine mit paarigen Hufen, Schwanz mit Quaste
Dromedar: Kopf nach vorne gerichtet, geschwungener Hals, kurze Mähne am Hals, schmale Augen, ein Rückenhöcker, vier Beine mit paarigen Hufen, Schwanz mit Quaste
Unterschiede: Das Kamel hat zwei Rückenhöcker, das Dromedar nur einen. Die Kruppe (hinterer Teil des Rückens) ist beim Dromedar etwas höher als beim Kamel. Das Kamel hat eine stärkere Mähne am Hals, als das Dromedar.

5.

Individuelle Zeichnungen.
Eine Schemazeichnung bietet den Vorteil, dass nur hervorstechende Merkmale gezeichnet werden und Wichtiges deutlich hervorgehoben werden kann.

4.2 Der Feldhase – ein schneller Läufer

Feldhasen sind Fluchttiere	**1., 2.** Abb. 1, 3 - 5
Die Sinne des Feldhasen	**3.** Abb. 2
Der Feldhase versucht, Feinde zu täuschen.	**2., 4.** Abb. 3, 6
Feldhasen sind unterschiedlich.	**5.** Abb. 7

1.
Beim schnellen Lauf stößt sich der Hase mit beiden Hinterbeinen ab und treibt damit den ganzen Körper nach vorn. In einer Entfernung bis zu vier Meter berührt er mit den hintereinander gestellten und nach vorn ausgerichteten Vorderpfoten den Boden. Die Hinterbeine greifen anschließend links und rechts an den Vorderbeinen vorbei. Sie setzen also vor den Vorderbeinen auf und treiben den Hasenkörper beim nächsten Satz wieder nach vorn. Der Hase macht also Sätze. Sein schneller Lauf ist eine Aneinanderreihung von Sprüngen.

2.
Nach einem Sprung kann der Hase plötzlich die Richtung wechseln. Man nennt dies „Haken schlagen". Der Verfolger, der nicht so schnell die Richtung wechseln kann, läuft zunächst am Hasen vorbei, bis er die Richtung korrigiert hat. Dadurch erhöht sich seine Laufstrecke gegenüber dem Hasen.

3.
Die Augen des Hasen liegen seitlich am Kopf. Dadurch kann er auch nach hinten sehen, ohne den Kopf zu drehen. Außerdem kann er sehr gut riechen und mit seinen großen Ohren, den Löffeln, sehr gut hören. Zudem kann der Feldhase Bodenerschütterungen wahrnehmen. Alle diese Sinne erlauben es dem Hasen, einen Feind frühzeitig zu entdecken und seine Bewegungen zu beobachten.

4.
Individuelle Lösung, die Skizze könnte z. B. so aussehen:

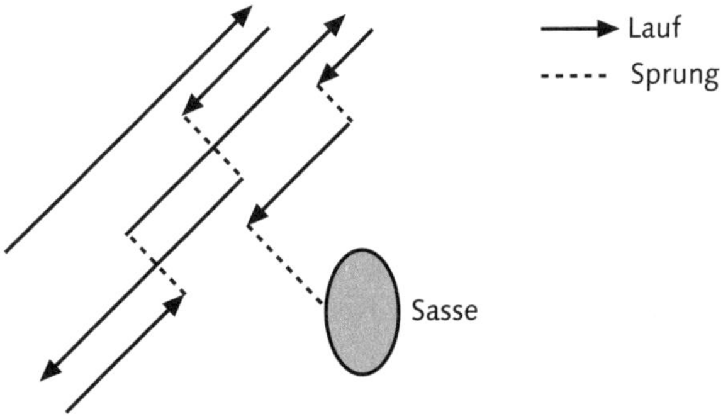

Zusammenhänge zwischen Körpermerkmalen und Verhaltensweisen wären z. B. die kräftigen Hinterbeine als Voraussetzung des Sprungvermögens und die scharfen Sinne, durch die der Hase sich nähernde Feinde beobachten kann.

5.
Individuelle Lösung. Ein Diagramm könnte z. B. so aussehen:

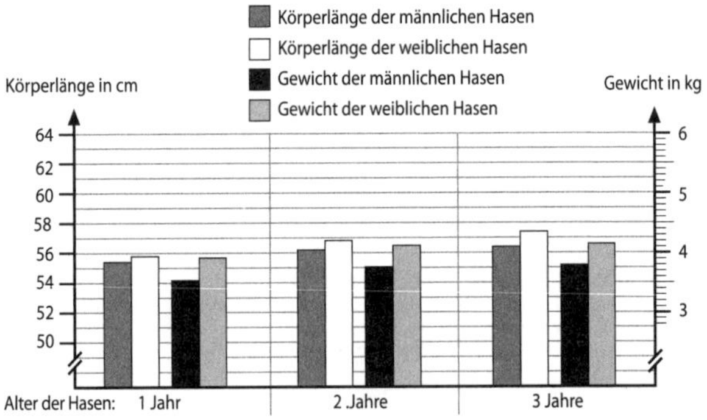

Zusammenfassung: Feldhasen sind bereits nach einem Jahr fast ausgewachsen. Die Weibchen sind im Durchschnitt etwas größer und schwerer als die Männchen. Im weiteren Verlauf nehmen die Tiere nur noch wenig an Größe und Gewicht zu.

4.3 Wildkaninchen sind Nesthocker

Nesthocker und Nestflüchter	**1., 2.** Abb. 2-4
Das Gesichtsfeld von Kaninchen und Fuchs	**4.** Abb. 6
Vergleich Feldhase und Wildkaninchen	**3., 5.** Abb. 5, 7

1.

Nestflüchter müssen direkt nach der Geburt das Nest bei Gefahr verlassen können. Sie können daher schon direkt nach der Geburt sehen und haben schon ein Fell ausgebildet. Ihre Gliedmaßen sind schon bei der Geburt so ausgebildet, dass sie flüchten können. Nesthocker sind im Nest (Höhle) nach der Geburt geschützt. Ihre Augen öffnen sich erst nach einiger Zeit, oft sind sie bei der Geburt noch nackt und hilflos.

2.

Nesthocker	Nestflüchter
Zwergmaus	Damwild
Hausmaus	Rehwild
Wanderratte	Wisent
Wolf	Mufflon
Fuchs	Gämse
Wildkatze	
Luchs	

Begründung: Nesthocker haben eine kurze Tragzeit. Die Jungen sind bei der Geburt noch nicht vollständig entwickelt. Nestflüchter sind bei der Geburt schon so entwickelt, dass sie selbständig vor Feinden flüchten können. Dazu ist eine längere Tragzeit notwendig.

3.

a) Beide Tierarten haben viele Feinde, da sie über keine Waffen zur Verteidigung wie z. B. Hörner verfügen. Feinde sind Füchse, Wölfe, Katzen, aber auch Greifvögel. Außerdem fallen viele Hasen und Kaninchen Krankheiten zum Opfer.

b) Hasen (Nestflüchter) haben eine viel längere Tragzeit als Kaninchen (Nesthocker). Nestflüchter müssen direkt nach der Geburt das Nest bei Gefahr verlassen können. Sie können daher schon direkt nach der Geburt sehen und haben schon ein Fell ausgebildet. Ihre Gliedmaßen sind schon bei der Geburt so ausgebildet, dass sie flüchten können. Damit sie bei der Geburt diese Fähigkeit haben, benötigen sie eine längere Entwicklungszeit. Sie haben also eine lange Tragzeit. Nesthocker sind im Nest (Höhle) nach der Geburt geschützt. Ihre Augen öffnen sich erst nach einiger Zeit, oft sind sie bei der Geburt noch nackt und hilflos. Ein Teil der Entwicklung findet also erst nach der Geburt statt. Folglich benötigen diese Tiere nur eine kürzere Tragzeit.

c) Kaninchen haben mehr Nachkommen als Hasen (mehr Würfe pro Jahr und mehr Junge je Wurf). Junge Kaninchen werden wahrscheinlich öfter zum Opfer von Fressfeinden als junge Hasen. Die jungen Hasen sind zwar weniger, aber dafür überleben mehr von ihnen.

4.

Gelb: Dieser Bereich kann von beiden Augen gleichzeitig eingesehen werden.
Blassgelb: Dieser Bereich kann von einem Auge eingesehen werden.
Grau: Dieser Bereich kann nicht überblickt werden.
Der Fuchs als Beutegreifer fixiert die Beute bei der Jagd mit beiden Augen. Für das Kaninchen ist es wichtiger, gleichzeitig möglichst nach allen Seiten sehen zu können, um Feinde wahrzunehmen.

5.

Individuelle Lösung.

4.4 Rehe und Rothirsche

Das Jahr der Rehe	**1.** Abb. 1, 4
Rehe und Rothirsche im Vergleich	**2.** Abb. 2
Schäden durch Rehe	**3.** Abb. 3, 5
Regulation der Bestandsdichte	**4.** Abb. 6

1.

Böcke: Nachdem im Herbst/Winter die Geweihe abgeworfen wurden, wachsen sie ab Januar neu. Ende März bis Anfang Mai sind die neuen Geweihe ausgewachsen und werden gefegt. Ab Ende März werden bis zum Ende der Brunft Anfang August die Reviere markiert und verteidigt. Die Brunft dauert von Mitte Juli bis Anfang August. Ab Oktober werden die Geweihe abgeworfen.

Ricken: Zu Beginn des Jahres sind die Ricken bereits trächtig. Die Kitze werden im Mai oder Anfang Juni geboren. Wie bei den Böcken findet die Brunft bei den Ricken ab Mitte Juli bis Anfang August statt. Ab da sind die Ricken wieder trächtig.

Kitze: Die Kitze werden im Mai oder Anfang Juni geboren. Nach der Geburt liegen die Kitze bis Mitte Juli. Sie werden von der Ricke gesäugt. Ende August oder im September hört die Ricke auf, die Kitze zu säugen. Nach dem Ende der Liegezeit beginnt für die Kitze eine Phase intensiven Spielens. Sie dauert bis Ende Oktober.

2.

Beide Tierarten sind Wiederkäuer und sie haben die gleiche Nahrung. Bei beiden Arten werden von den Männchen Geweihe ausgebildet. Der Abwurf erfolgt bei den Rehen im Herbst, bei den Rothirschen von Februar bis April. Auch die Brunft ist bei den Hirschen später. Während Rehe in kleinen Familienverbänden leben, sind die Hirsche Rudeltiere. Bei beiden Tierarten sind die Jungtiere zur besseren Tarnung gefleckt. Während die Hirsche waldreiche Gebiete bevorzugen, findet man Rehe als Kulturfolger häufig an Waldrändern und Feldern mit Buschreihen, auch in der Nähe von Straßen.

3.

Beide Tierarten haben in Deutschland kaum natürliche Feinde. Die Hirsche leben in zusammenhängenden Wäldern, weit ab von Menschen. Diese Wälder haben in der Vergangenheit abgenommen oder wurden von Menschen intensiver genutzt, sodass der Lebensraum der Hirsche kleiner wurde. Rehe kommen als Kulturfolger besser mit der Nähe des Menschen zurecht. Durch die Landwirtschaft ist das Nahrungsangebot für die Tiere groß, sodass sich die Rehe gut vermehren können.

4.

Ist die Zahl der Rehe gering, haben die Ricken mehr Kitze. Außerdem werden mehr Weibchen geboren, sodass im nächsten Jahr noch mehr Ricken vorhanden sind. Das erhöht die Zahl der Kitze weiter. Außerdem bleiben bei geringerer Bestandsdichte mehr Kitze am Leben. Durch diese Gegebenheiten steigt die Zahl der Rehe stark an.

4.5 Der Rotfuchs – ein heimisches Raubtier

Der Fuchs ist ein „Allrounder".	**1.** Abb. 1, 2 Grundwissen
Die Angepasstheiten des Fuchses	**3.** Abb. 3
Vermenschlichung von Tieren	**2.**

1.
Füchse haben ein großes Nahrungsspektrum. Es beinhaltet nicht nur Tiere, sondern auch Aas, Obst und Früchte. In der Stadt können Füchse sich daher zum Teil von Abfall ernähren. Unterschlupf finden sie in Parks, Gärten, in Schuppen oder z. B. unter Holzstapeln. Außerdem werden Füchse in der Stadt nicht bejagt. Sie haben dort also gar keine Feinde.

2.
Individuelle Lösung.

3.
a) Auch in der Dämmerung können Füchse gut sehen. Durch ihr gutes Gehör und den Riechsinn können sie Mäuse auch wahrnehmen, wenn diese sich z. B. unter einer Schneedecke aufhalten. Mithilfe ihres Fleischfressergebisses können sie die erbeuteten Mäuse gut festhalten und töten.
b) Mäuse sind klein und wendig. Sie können für kurze Zeit sehr schnell laufen. Bei Gefahr können sie daher leicht in ihre Baue flüchten und sind dort meist vor dem Fuchs sicher.

4.6 Fledermäuse – fliegende Säugetiere

Angepasstheiten der Fledermäuse	**1.** Abb. 2, 3
Orientierung bei Nacht – das Ortungssystem	**3., 4.** Abb. 1, 4
Das Jahr des Fledermausweibchens	**2.**

1.

Bau (Struktur) oder Eigenschaften des Merkmals	Aufgabe (Funktion) des Merkmals
Flughäute, die zwischen der Schwanzwirbelsäule, den Beinen, den Armen und Fingern gespannt sind	Tragflächen zum Fliegen
Lange Fingerknochen	Aufspannen der Flughäute, Vergrößerung der Flughäute
Knochen leicht und dünn	Gewichtsersparnis zum besseren Fliegen
viele spitze Zähne	Fangen der Insekten
Winterschlaf	Überdauern der insektenlosen Zeit
Echoortungssystem mit Ultraschall	Orientierung und Ortung der Beute bei Dunkelheit
Trichterförmige Ohren	Auffangen der zurückgeworfenen Ultraschalllaute

2.

Individuelle Lösung, darin:
Ab Oktober aufsuchen der Winterquartiere, Winterschlaf von November bis März, Aufsuchen der Sommerquartiere im April, im Juni Geburt von 1–2 Jungen, die dann acht Wochen gesäugt werden, Paarung im September.
Die Grafik könnte z. B. so aussehen:

Januar		Winterschlaf
Februar		
März		
April	Aufsuchen der Sommerquartiere	
Mai		
Juni	Geburt der Jungen	Säugen der Jungen
Juli		
August		
September	Paarung	
Oktober	Aufsuchen der Winterquartiere	
November		Winterschlaf
Dezember		

3.

Fledermäuse stoßen Ultraschalllaute aus. Menschen können diese Laute nicht hören. Es können bis zu 15 Laute pro Sekunde ausgestoßen werden. Treffen sie auf ein Hindernis, z. B. ein Insekt, werden sie zurückgeworfen. Die zurückgeworfenen Laute werden von der Fledermaus gehört, die dadurch weiß, wo sich das Hindernis, in diesem Fall das das Insekt, befindet.

4.

Individuelle Lösung, darin:
Fledermäuse nehmen Hindernisse nicht mit den Augen und nicht mit dem Geruchssinn wahr, sondern mit den Ohren. LAZARRO SPALLANZANI kannte noch keinen Ultraschall und konnte keine weitere Erklärung finden. Er musste aber bereits den Eindruck gewinnen, dass die Fledermäuse die Drähte offenbar „hören“ können, da nur die Fledermäuse mit verstopften Ohren gegen die Drähte stießen. Heute weiß man, dass die Tiere Ultraschalllaute ausstoßen, die von den Hindernissen zurückgeworfen werden. Diese zurückgeworfenen Ultraschalllaute werden von den Ohren aufgefangen.

4.7 Wale – Säugetiere im Wasser

Die Angepasstheiten der Wale	**1., 2.** Abb. 1
Delfine und Thunfische	**3.** Abb. 2

1.

Wale besitzen unter der haarlosen Haut eine dicke Fettschicht, der Blubber, der die Tiere vor Auskühlung schützt. Das Spritzloch, die Nasenöffnung, ist verschließbar und befindet sich an der höchsten Stelle des Walkörpers. So muss der Wal beim Atmen nicht weit aus dem Wasser auftauchen. Wale nutzen den Sauerstoff der eingeatmeten Luft gut aus. So können sie lange tauchen. Die waagrechte Schwimmflosse des Schwanzes, die Fluke, dient der Fortbewegung. Der Körper ist stromlinienförmig. Die glatte Haut verringert den Widerstand im Wasser. Manche Wale besitzen Barten, um Krebstiere aus dem Wasser zu filtern.

2.

Die Skizze könnte so aussehen:

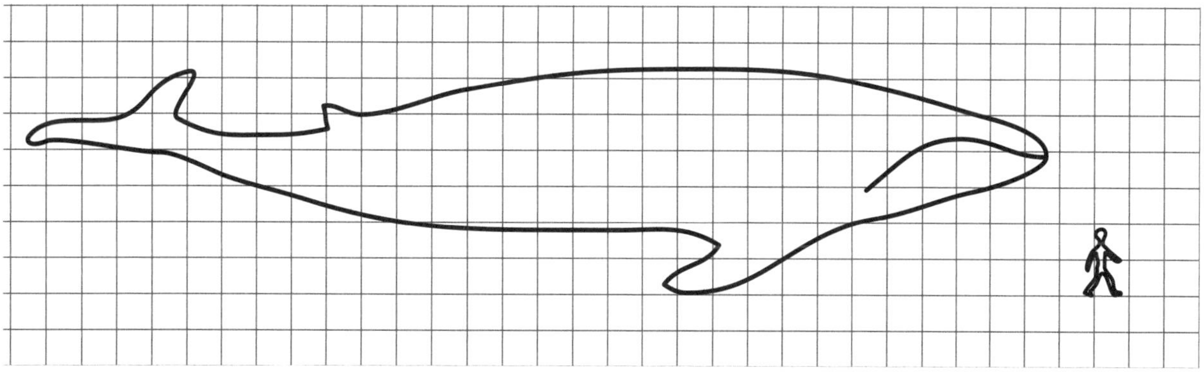

1 Kästchen = 1 x 1 Meter

3.

	Delfin	Thunfisch
Körper	stromlinienförmig, schneller Schwimmer	stromlinienförmig, schneller Schwimmer
Vorkommen	in allen Meeren	in Meeren mit mehr als 10 °C Wassertemperatur
Isolation	dicke Fettschicht	keine
Versorgung der Jungtiere	Milch der Mutter	keine
Auftauchen	regelmäßig zum Luftholen	nein, offenbar keine Lungen
Kiemendeckel	nein	ja
Schwanzflosse	waagrecht	senkrecht

Delfine haben Lungen. Sie sind Säugetiere (säugen ihre Jungen). Thunfische haben keine Lungen, sondern Kiemen. Sie sind Fische.

4.8 Der Eisbär – angepasst an ein Leben in der Kälte

Der Eisbär ist an ein Leben in der Kälte angepasst.	**1.** Abb. 1, 3, 4
Überwinterung der Eisbären	**2.** Abb. 2
Wie der Eisbär zu seiner weißen Farbe kam	**3.** Abb. 5

1.

Bau (Struktur) oder Eigenschaften des Merkmals	Aufgabe (Funktion) des Merkmals
weiße Farbe des Fells	Tarnung
schwarze Haut	Lichtstrahlen werden in Wärme umgewandelt
Fettschicht	Isolation gegen Wärmeverlust
guter Geruchssinn	Wahrnehmen der Beute unter dem Schnee
Vordertatzen mit Schwimmhäuten	gutes Schwimmen und Tauchen
verschließbare Nasenlöcher und Ohren	Schutz beim Beutefang unter Wasser
nach hinten gerichtete Krallen an den Vordertatzen	Festhalten der Beute
öliges Fell	weist Wasser ab

2.

a) Die Männchen bleiben aktiv und können so den ganzen Winter hindurch Nahrung suchen. Da im Winter aber die Nahrung selten ist, müssen sie dabei weit umherziehen. Diese Lebensweise ist energieaufwendig.
Weibchen können wegen der Jungen nicht weit umherstreifen um Nahrung zu suchen. Sie überwintern in Schneehöhlen, weil es dort wärmer und geschützter ist. Sie senken die Herzfrequenz und Atemfrequenz herab. So sparen sie Energie und verbrauchen weniger Fett. Die Körpertemperatur bleibt hoch, damit sie so die Jungen wärmen können.
b) Wenn die Jungen im Winter geboren werden, sind sie im Frühjahr schon so weit entwickelt, dass sie mit der Mutter zur Nahrungssuche umherstreifen können. Da im kurzen Sommer das Nahrungsangebot am größten ist, können sie schnell wachsen und sich für den nächsten Winter eine dicke Fettschicht anfressen. So sind ihre Überlebenschancen am größten.

3.

Das Auto bekommt seine neue Farbe schnell in einem Durchgang. Der Vorgang wurde vorher geplant. Beim Eisbär dauerte der Vorgang sehr lange. Er ging allmählich über viele Generationen. Die Fellfärbung erfolgte durch Zufall und verschaffte den betroffenen Tieren einen Überlebensvorteil. Sie gaben die hellere Farbe an ihre Jungen weiter. Dadurch konnten auch diese besser überleben und sich fortpflanzen.

4.9 Raubtiere und Fluchttiere haben verschiedene Gesichtsfelder

Sehen mit einem und mit beiden Augen	**1.** Abb. 1, 3
Fluchttiere und Raubtiere	**2.** Abb. 1 - 2
Die Bedeutung des räumlichen Sehens bei Schimpansen und Menschen	**3.** Abb. 4

1.
Individuelle Lösung, darin:
Räumliches Sehen erfolgt nur mit beiden Augen gemeinsam.
Der Bereich des räumlichen Sehens geringer als das Gesichtsfeld mit nur einem Auge.

2.

Tier	Position der Augen	Fluchttier oder Raubtier
Hund	beide Augen nach vorne gerichtet	Raubtier
Katze	beide Augen nach vorne gerichtet	Raubtier
Pferd	Augen seitlich am Kopf	Fluchttier
Fuchs	beide Augen nach vorne gerichtet	Raubtier
Hase	Augen seitlich am Kopf	Fluchttier
Frosch	Augen hervorgehoben, sehr beweglich	Fluchttier
Murmeltier	Augen seitlich am Kopf	Fluchttier

3.
Schimpansen können gut klettern und sich dabei von Ast zu Ast schwingen. Dazu müssen sie Entfernungen gut abschätzen können. Hierzu ist räumliches Sehen notwendig. Schimpansen sind sehr geschickt mit den Händen, sie können sogar Werkzeuge herstellen und gebrauchen. Auch dazu ist es notwendig, gut räumlich sehen zu können. Beim Menschen ist der unterschiedliche Gebrauch der Hände noch ausgeprägter, z. B. beim SMS-Schreiben. Voraussetzung dafür ist das räumliche Sehen. Da der Mensch aufrecht auf nur zwei Beinen geht, ist es zum sicheren Laufen notwendig, das Gelände vor sich gut zu sehen. Als Jäger in der Steinzeit verhielt sich der Mensch wie ein Raubtier. Auch dafür war räumliches Sehen eine Voraussetzung, die uns Menschen heute im Alltag nützt, z. B. beim Entfernungen und Geschwindigkeiten schätzen im Verkehr. Schimpansen und Menschen haben daher die Augen nach vorn gerichtet. Ein Nachteil ist dabei, dass das Gesichtsfeld nach hinten stark eingeschränkt ist.

M Informationen mithilfe des Internets beschaffen

–

5 Vögel in ihrem Lebensraum

5.1 Vögel auf dem Schulhof

Bestimmungsmerkmale von Vögeln	**1., 2.** Abb. 1 - 4
Weibchen und Männchen sind manchmal unterschiedlich.	**3. a** Abb. 3, 5, 6
Wir bestimmen abgebildete Vögel.	**3. b** Abb. 6
Bestimmen von Vögeln auf dem Schulhof	**4.**

1.

a)

Merkmal	Beschreibung
Scheitel	schwarz
Hinterkopf	schwarz
Wangen	weiß
Rücken	graugrün
Flügel	grau mit weißem Querband
Bauch	schwarzer Mittelstreifen, sonst gelb
Brust	schwarzer Mittelstreifen, sonst gelb
Kehle	schwarz
Schnabel	zierlich, kurz

b) Manche Bestimmungsmerkmale wie z. B. Schnabelform oder die Farbe sind nicht ganz eindeutig. Auch sind die Grenzen von z. B. Brust und Bauch nicht genau festgelegt. Außerdem kann der Farbeindruck von Mensch zu Mensch unterschiedlich sein.

2.

a)

Merkmal	Kohlmeise	Blaumeise	Schwanzmeise
Gefieder	Kopf schwarz, Wangen weiß, Rücken graugrün, Kehle schwarz, schwarzer Bauchstreif, sonst Brust und Bauch gelb	Scheitel blau, Wangen weiß, Brust und Bauch gelb, Flügel blaugrau mit weißem Querstreif	Scheitel weiß mit schwarzem Rand, Nacken und Flügel schwarz, sonst rosa
Größe	spatzengroß	kleiner als Spatz	kleiner als Spatz
Körperform	rundlich	rundlich	rundlich
Schwanz	mittellang	mittellang	sehr lang
Schnabelform	kurz	kurz	kurz
Beine	kurz	kurz	kurz
Zehen	nackt	nackt	nackt

b) Die Schwanzmeise kann man eindeutig am langen Schwanz erkennen. Kohlmeise und Blaumeise kann man leicht am Scheitel und der Kehle und der Bauch- und Brustpartie unterscheiden.

3.

a) Bei beiden Vögeln ist der Kopf schwarz. Während bei den Männchen die Brust und der Bauch rot sind, ist das Weibchen in diesem Bereich gelbbraun gefärbt. Der Schnabel ist bei beiden Vögeln kurz, kräftig und schwarz. Der Rücken des Männchens ist grau, die Flügel und der Schwanz schwarz.

b) Es handelt sich um den Gimpel.

4.

Individuelle Lösung.

M Kennübung Vögel

A: Bachstelze
B: Buntspecht
C: Stockente
D: Blässhuhn
E: Rotkehlchen
F: Star
G: Zaunkönig
H: Gartenrotschwanz
I: Elster
J: Amsel
K: Mauersegler
L: Mäusebussard

5.2 Federn haben vielfältige Aufgaben

Funktionen von Federn	Abb. 1, 4, 6 Grundwissen
Der Bau von Federn	**1.** Abb. 2, 6
Isolationswirkung von Federn	**2., 3.** Abb. 5, 7

1.

Der Klettverschluss besteht aus zwei Flächen. Die eine Fläche enthält viele kleine Häkchen. Sie wird Hakenband genannt. Die andere besteht aus Textilfasern, die das Gegenstück zu den Häkchen bildet. Man nennt diese Fläche das Flauschband. Gibt man beide Flächen zusammen, rasten die Häkchen bei den Fasern ein. Bei der Feder liegt das gleiche Prinzip vor. Hier rasten die Häkchen des Hakenstrahls am Bogenstrahl ein.

2.

Die Temperatur im Reagenzglas sinkt im mit Luft gefüllten Becherglas am schnellsten, von 40 °C in 20 Minuten auf 19,8 °C. Im eng mit Federn gepackten Becherglas sinkt die Temperatur im gleichen Zeitraum auf 21,5 °C, im Becherglas mit lockerer Federpackung nur auf 24,8 °C. Die lockeren Federn isolieren also am besten. Der Versuch zeigt, dass Hypothese 2 richtig ist.

3.

Luft zwischen den Federn isoliert gegen Wärmeverlust. Je kühler es ist, um so stärker ist der Vogel aufgeplustert. Die Temperatur ist den Vögeln von links nach rechts so zuzuordnen: +40 °C, –20 °C, +20 °C, 0 °C.

5.3 Vögel – Wirbeltiere in Leichtbauweise

Leichtbauweise bei Vögeln	**1. a** Abb. 1, 2 Grundwissen
Leichtbauweise in der Luftfahrt	**1. b** Abb. 2, 3
Säugetiere und Vögel	**2., 3.** Abb. 4, 5

1.

a) Die obere Begrenzung ist dünn und nach außen glatt. Sie wird durch senkrecht und schräg dazu verlaufende Wände und Streben abgestützt. Dazwischen liegen große Hohlräume.

b) In der Abbildung 3 ist das „Gerippe" der Tragfläche dargestellt, die äußere Schicht ist entfernt. Das Gerippe ist ähnlich wie beim Vogelknochen aus Verstrebungen aufgebaut. Es gibt Bauelemente, die als Auflage für die äußere Schicht dienen, und innere Verstrebungen. So kann mit wenig Material eine große Festigkeit erreicht werden. Außerdem ist die Konstruktion dadurch sehr leicht.

2.

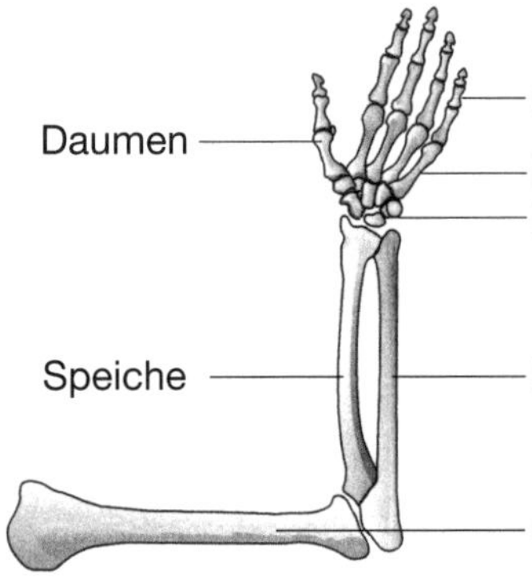

3.

Die Tabelle zeigt drei Säugetiere und drei Vögel. Zum Vergleich kann man aufgrund der Körperlänge drei Paare bilden:
Feldhase – Stockente
Wildkaninchen – Rabenkrähe
Igel – Amsel
Bei jedem Paar haben die Tiere eine annähernd gleiche Körperlänge, die Masse ist bei den Säugetieren aber immer sehr viel größer als bei den Vögeln. Dies ist eine Angepasstheit der Vögel an die fliegende Fortbewegung. Zum Fliegen muss der Körper sehr leicht sein. Vögel erreichen diese Leichtigkeit z. B. durch hohle Knochen und Luftsäcke.

5.4 Amseln verständigen sich durch Signale

Amseln im Revier	**4.** Abb. 1, 6 Grundwissen
Brutverhalten der Amseln	**1., 3.** Abb. 2, 3, 7
Nesthocker - Nestflüchter	**1., 2.** Abb. 3, 4, 5

1.

Die Amselküken sind noch nackt. Die Augen sind von den Lidern bedeckt und ragen etwas aus dem Kopf hervor. Die Schnäbel sind im Verhältnis kräftig und groß. Insgesamt wirken die jungen Amseln zerbrechlich.

2.

	Nesthocker	Nestflüchter
Augen	geschlossen	geöffnet
Gefieder	am Anfang nicht vorhanden	von Anfang an vorhanden
Fortbewegung	Aufenthalt nur im Nest	Fortbewegung außerhalb des Nestes
Ernährung	Die Jungen werden gefüttert.	Die Jungen suchen selbst nach Nahrung.
Entwicklungszustand	Die Jungen sind unselbständig.	Die Jungen sind selbständig.

3.

Individuelle Darstellung, z. B.:

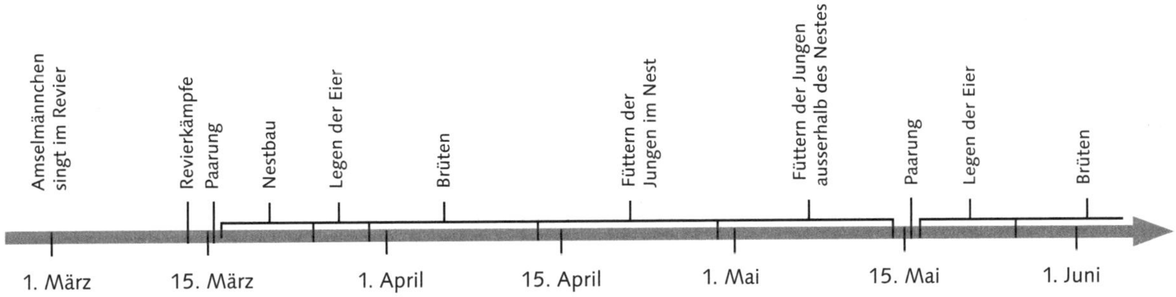

4.

Individuelle Darstellung, z. B.:

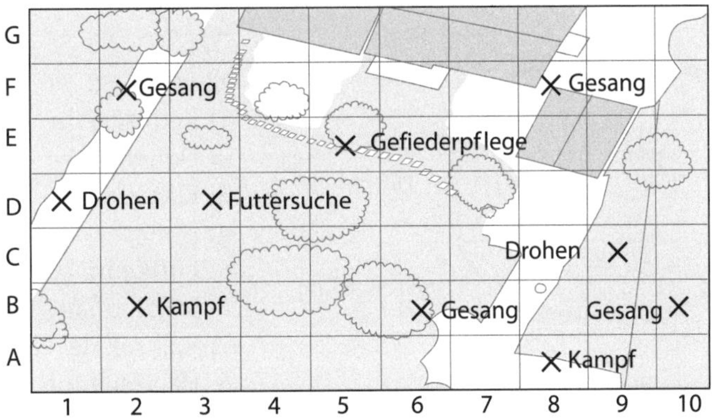

5.5 Befruchtung und Entwicklung beim Huhn

Paarung und Befruchtung beim Huhn	**2.** Abb. 1, 2 Grundwissen
Stadien des Eies vor dem Legen	**2., 3.** Abb. 3, 5
Entwicklung des Kükens im Ei	**1.** Abb. 4, 6

1.

Am 4. Bruttag: Das Dotter nimmt fast das gesamte Ei ein. Es ist von Blutgefäßen durchzogen, die zum Embryo führen. In der Mitte des Eies ist der Embryo zu sehen. In ihm sind bereits Beine, Herz, Auge und Kopf zu erkennen.
Am 8. Bruttag: Der Embryo füllt ein Drittel des Eies aus. Man kann Flügel und Beine gut erkennen. Der Kopf ist im Verhältnis sehr groß mit deutlichem Schnabel und dem großen Auge.
Am 20. Bruttag: Das Küken ist bereits befiedert. Es nimmt nahezu das ganze Ei ein. Deutlich sieht man einen Fuß und den Kopf mit Auge und Schnabel. Auf dem Schnabel sitzt der Eizahn. Das Dotter ist nur noch sehr klein.
In Abbildung 6 ist das Küken geschlüpft. Die Eischale ist aufgebrochen. Das Küken ist bereits getrocknet und sieht flauschig aus.

2.

1 ⇒ b Die Eizelle verlässt den Eierstock.
2 ⇒ d Die Befruchtung findet am Ende des Eileitertrichters statt.
3 ⇒ a Es ist Eiklar, aber noch keine Hagelschnur erkennbar.
4 ⇒ c Hagelschnüre sind zu sehen, aber noch keine Kalkschale.
5 ⇒ e Die Kalkschale ist zu erkennen.

3.

1. Wenn gleichzeitig zwei Dotterkugeln den Eierstock verlassen, kann es sein, dass beide zusammen mit Eiklar und später mit einer Schale umgeben werden.
2. Es kann z. B. vorkommen, dass ein Ei im Eileiter für einige Zeit „stecken“ bleibt. Wenn dann die bereits begonnene Schale von Eiklar umgeben wird, kann später eine zweite Schale gebildet werden.
3. Hat eine Henne zu wenig Kalkmineralien, kann die Schale nicht richtig gebildet werden und das Ei wird ohne oder nur mit einer sehr dünnen Kalkschale gelegt.

M Gemeinsames Lösen von Aufgaben

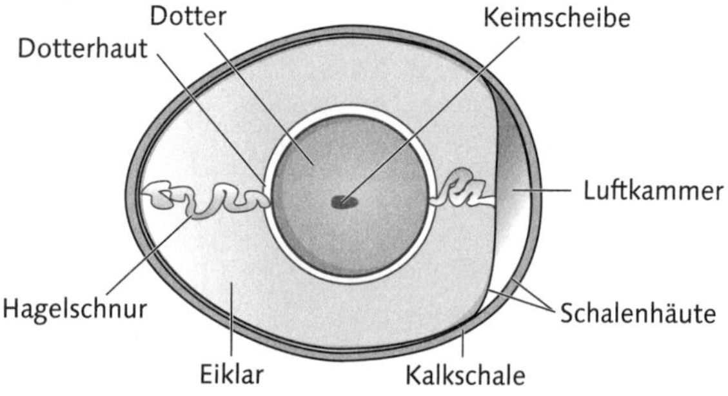

1.

Zuordnung:
1: Keimscheibe
2: Dotterhaut
3: Eiklar
4: Dotter
5: Luftkammer
6: Schalenhaut
7: Kalkschale
8: Hagelschnur

2.

Individuelle Lösung.

5.6 Das Hühnerei als Ware

Aufbau des Hühnereis	Abb. 1 Grundwissen
Kennzeichnung von Eiern	**1.** Abb. 1
Die Haltung von Hühnern	**2.** Abb. 2–4, 6 Grundwissen
Die Zucht von Hühnern	**3.** Abb. 5, 7

1.

a) Auf dem Ei wird in einem Code Haltungsform und Herkunftsland angegeben. Zusätzlich erhält jedes Ei noch einen Zahlencode. Der gesamte Code beginnt mit der Haltungsform in Form einer Ziffer von 0 bis 3. Danach erscheint das Herkunftsland in einer Buchstabenkombination, z. B. DE für Deutschland. Anschließend folgt der Zahlencode des Eies.
Auf der Verpackung muss die Haltungsform und die Verpackungsstelle angegeben werden. Herkunftsland und Land der Verpackungsstelle müssen nicht übereinstimmen.

b) Individuelle Lösung.

2.

	Käfighaltung	Bodenhaltung	Freilandhaltung
Käfig	ja	nein	nein
Ablegen der Eier in Nester	nein	ja	ja
Scharren möglich	nein	ja	ja
Staubbaden möglich	nein	ja	ja
Sitzstangen vorhanden	nein	ja	ja
Auslauf im Freien	nein	nein	ja
Platz pro Tier	sehr wenig	wenig	viel
Haltungsform 1995	93,7 %	4,6 %	1,6 %
Haltungsform 2010	15,7 %	63,5 %	14,3 %

3.

Die Legeleistung der Hennen hat sich von 1935 bis 2002 verdreifacht. Dadurch werden trotz leichtem Rückgang der Legehennenzahl wesentlich mehr Eier produziert.
Hühner sind in Bezug auf Nahrung und Platz sehr anpassungsfähig. Zudem haben sie eine große Fruchtbarkeit und die Generationen können schnell aufeinander folgen. Diese Eigenschaften der Hühner ermöglichen eine hohe Mechanisierung in der Haltung und machen die Hühnerzucht so erfolgreich.

M Wissen strukturieren

1.

Individuelle Lösung.

a) Eine Mindmap könnte so aussehen und eventuell weiter ausgebaut werden:

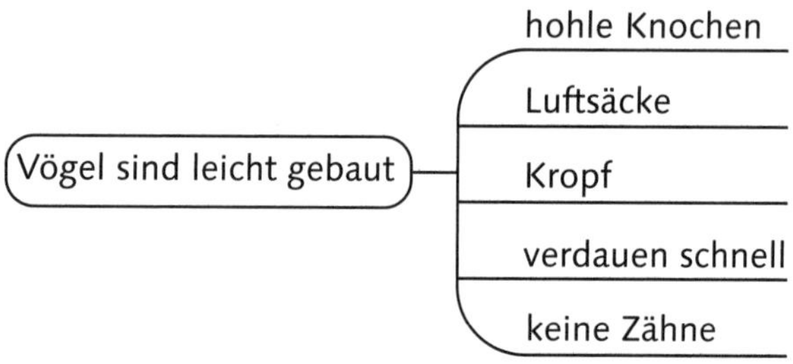

b)

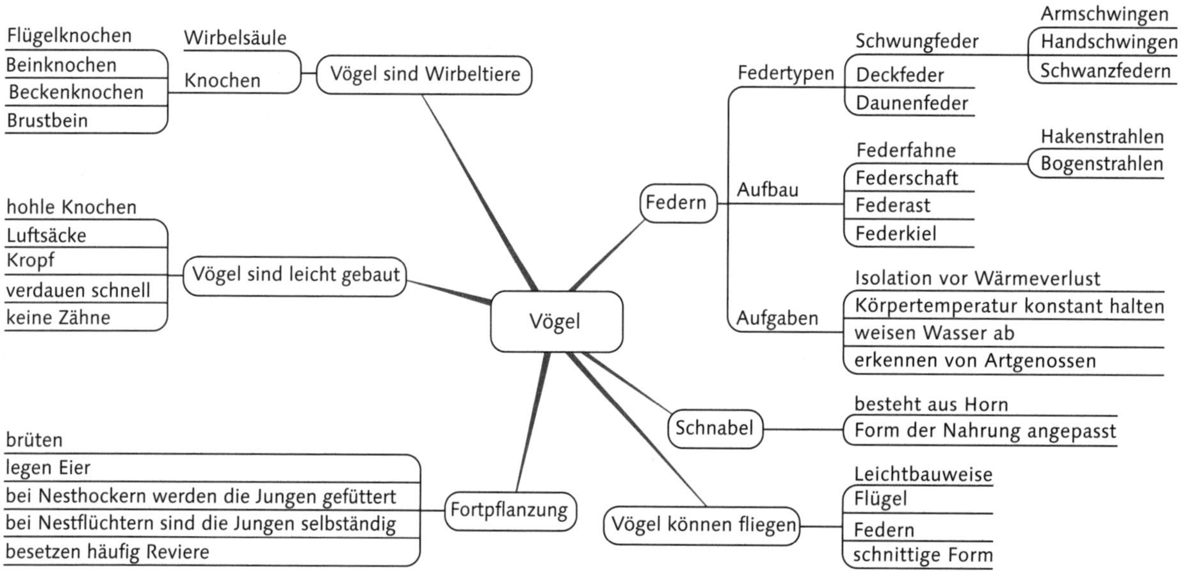

2.

Individuelle Lösung, eine Mindmap könnte wie folgt angelegt und eventuell weiter ausgebaut werden:

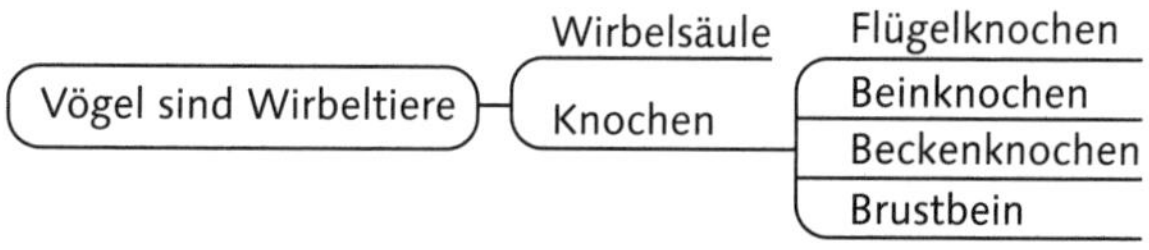

6 Reptilien in ihrem Lebensraum

6.1 Die Zauneidechse – ein wechselwarmes Kriechtier

Eidechsen sind wechselwarme Tiere.	**2.** Abb. 6, 7
Fortbewegung bei Eidechsen	**1.** Abb. 1, 4, 5
Entwicklung der Zauneidechse	**3.** Abb. 2, 3
Vergleich mit dem Grasfrosch	**3.**

1.
Individuelle Lösung, darin z. B.: Bei jedem Schritt wird der Körper in seiner Längsachse gebogen. So kommt es zum Schlängellauf. Eine Fortbewegung bei gerader Wirbelsäule ist nicht möglich.

2.
Bartagamen sind wechselwarme Tiere. Ihre Körpertemperatur entspricht in etwa der Umgebungstemperatur. Im Terrarium ist nachts die Heizung aus- und tagsüber angestellt. Das entspricht den Bedingungen in der Halbwüste. Nachts kühlen die Bartagamen aus. Ihr Stoffwechsel ist dadurch herabgesetzt und so bewegen sie sich nicht oder nur langsam. Wenn morgens die Heizlampe angeschaltet wird, setzen sich die Tiere darunter, um sich aufzuwärmen. Je mehr die Körpertemperatur ansteigt, um so aktiver werden die Bartagamen. Nachdem am Abend die Heizlampe ausgeschaltet ist, kühlen die Tiere wieder aus und werden inaktiv.

3.
Zauneidechsen atmen nur über die Lunge. Der ausgewachsene Grasfrosch atmet über die Lunge und über die Haut. Die Haut muss dazu immer feucht sein. Über die Haut kann er auch unter Wasser Sauerstoff aufnehmen. Die Zauneidechse hat eine trockene Haut mit Hornschuppen, die das Tier vor Austrocknung und Verletzungen schützt. Da die Haut nicht mitwächst, muss sich das Tier häuten. Grasfrösche legen die Eier in das Wasser, Eidechsen vergraben sie in der Erde. Die Eidechseneier müssen daher gegen Austrocknung geschützt sein. Beim Grasfrosch schlüpfen aus den Eiern Kaulquappen, die sich erst später zu Fröschen entwickeln. Bei der Eidechse sind die Jungen beim Schlüpfen schon fertig entwickelt. Der Grasfrosch benutzt die Zunge zum Fangen der Beute, die Zauneidechse zum Riechen.

6.2 Schlangen – als Jäger besonders angepasst

Das Jahr der Kreuzotter	**2.** Abb. 1, 6
Fortbewegung bei Schlangen	**1.** Abb. 5
Nahrungsaufnahme bei Schlangen	**4.** Abb. 2, 4
Vergleich Schlange – Zauneidechse	**3.** Abb. 3

1.

Die Schlange verfügt über breite Bauchschuppen, die über Sehnen mit den Rippen verbunden sind. Die Rippen können über Muskeln bewegt werden. Ziehen sich die Rippenmuskeln zusammen, wird die Rippe nach vorn bewegt. Gleichzeitig klappt die Bauchschuppe nach hinten um und schiebt so den Schlangenkörper nach vorn. Dieser Bewegungsablauf läuft in Wellen über den ganzen Körper.

2.

Im Februar verlässt die Kreuzotter ihr Winterquartier. Sie macht Jagd auf kleine Tiere. Infolge des Wachstums häutet sich das Tier Anfang April. Ende April und Anfang Mai finden unter den Männchen Revierkämpfe statt. Im Mai erfolgt dann die Paarung. In den Sommermonaten sonnt sich das Weibchen besonders häufig, damit ihre Körpertemperatur zur Entwicklung der Jungen hoch genug ist. Im August werden die jungen Schlangen geboren. Ende Oktober/Anfang November suchen die Kreuzottern ihr Winterversteck auf.

3.

Eidechsen	Schlangen
Halswirbel und Schwanzwirbel ohne Rippen	fast alle Wirbel (außer einigen Schwanzwirbeln) mit Rippen
wenige Rippen, die vorderen Rippen stark gebogen und auf der Bauchseite verbunden	sehr viele Rippen, keine Verbindungen auf der Bauchseite
vier Beine mit Füßen	keine Beine
Becken- und Schultergürtel	kein Becken- und kein Schultergürtel

4.

Bei den Schlangen sind Oberkiefer und Unterkiefer nicht durch ein festes Gelenk verbunden. Ober- und Unterkiefer sitzen am Quadratbein an, das beweglich mit dem Schädelknochen verbunden ist. Diese Konstruktion ermöglicht eine weite Öffnung des Mauls. Viele spitze und nach hinten gerichtete Zähne dienen zum Festhalten der Beute.

6.3 Vielfalt der Reptilien

Die Gruppen der Reptilien	Abb. 1 Grundwissen
Angepasstheiten von Reptilien an das Leben in warmen Klimazonen	**1.** Abb. 4
Die Blindschleiche	**2. b** Abb. 3, 5
Wissenschaftliche Texte früher und heute	**2. a** Abb. 2, 3

1.

a) Reptilien sind wechselwarme Tiere. Da ihre Körpertemperatur in etwa der Umgebungstemperatur entspricht, können sie in warmen Regionen aktiver sein als in kalten Klimazonen. Sie können bei Wärme besser jagen und besser vor Feinden fliehen. Sie besitzen eine Haut mit Hornschuppen, die sie als Landtiere vor Austrocknung schützt. Sie legen Eier mit einer lederartigen Schale. Diese Schale schützt das Ei vor dem Austrocknen. Eier werden in die Erde gelegt und dort durch die Wärme der Umgebung ausgebrütet. In kalten Regionen ist das nicht möglich.

b)

Amphibien-Ei	Reptilien-Ei
wird ins Wasser gelegt	wird auf dem Land, meistens in die Erde, gelegt
kleiner als ein Reptilien-Ei	größer als ein Amphibien-Ei
Aus den Eiern schlüpfen Larven, die sich im Wasser weiter entwickeln. Für die Entwicklung im Ei ist daher nur wenig Dotter notwendig.	Aus den Eiern schlüpfen fertig entwickelte Jungtiere. Die Eier haben viel Dotter, da die Entwicklung bis zum fertigen Tier im Ei erfolgt.
Der Embryo ist zum Schutz von einer Gallerthülle umgeben. Schutz vor Austrocknung ist im Wasser nicht notwendig. Der Sauerstoff wird aus dem Wasser aufgenommen.	Embryo und Dotter sind zusätzlich von einer Haut umgeben. Die Schale schützt das Ei vor Austrocknung, ist aber durchlässig für Sauerstoff.

2.

a) Der Text aus Brehms Tierleben beschreibt sehr blumig den Fressvorgang, bei dem eine Blindschleiche einen Regenwurm verspeist. Außerdem wird das Nahrungsspektrum aufgeführt. Der heutige Text ist sehr sachlich gehalten und enthält zusätzliche Informationen, z. B. über die Sinne der Blindschleiche, ihre Beckenknochen und die Fähigkeit, ein Schwanzstück abzuwerfen.

b) Die Blindschleiche ist eine Echse. Dafür spricht, dass sie Beckenknochen besitzt, was bei Schlangen nicht der Fall ist. Außerdem kann sie wie die Eidechsen bei Gefahr einen Teil des Schwanzes abwerfen und sie trinkt wie eine Eidechse.

7 Amphibien in ihrem Lebensraum

7.1 Leben im Wasser und auf dem Land

Das Leben des Grasfrosches	Abb. 1
Der Begriff „Amphib“	**2.** Abb. 1
Die Blindschleiche	**1. a, b** Abb. 2, 3
Einteilung der Amphibien	**1. c** Abb. 2

1.

a)

1 ⇒ c: Teichmolch
3 ⇒ f: Laubfrosch
4 ⇒ d: Erdkröte
5 ⇒ b: Wasserfrosch
6 ⇒ e: Bergmolch
9 ⇒ a: Feuersalamander

2 ⇒ Stockente
7 ⇒ Libelle
8 ⇒ Fischotter

b) Möglicher Steckbrief für den Grasfrosch:
Farbe meist braun bis gelb mit dunklen Flecken, Hinterbeine stark entwickelt, Schwimmhäute an den Hinterfüßen, ohne Schwanz, lebt meist an Land, nur zur Paarungszeit und Überwinterung im Wasser, Nahrung: Insekten und deren Larven, Würmer, Schnecken, Spinnen, Asseln

c) Amphibien mit Schwanz
- Feuersalamander (Schwanz ohne Flossensaum)
- Molche (Schwanz mit Flossensaum)

Amphibien ohne Schwanz
- Frösche (glatte Haut, kräftige Hinterbeine)
- Kröten (warzige Haut)

2.

Der Grasfrosch lebt sowohl im Wasser als auch an Land. Als erwachsenes Tier hält er sich oft auf dem Land auf, um seine Nahrung zu suchen. Er atmet mit Lungen und über die Haut. Zur Fortpflanzung ist er aber an das Wasser gebunden. Er legt die Eier in das Wasser, wo sie auch befruchtet werden. Aus den Eiern schlüpfen Larven, die Kaulquappen. Sie atmen mit ihren Kiemen und sind ausschließlich an das Wasser gebunden. Erst nach der Metamorphose können sie das Wasser verlassen. Der Name deutet auf diese wechselnde Lebensweise zwischen Land und Wasser hin.

7.2 Fortpflanzung und Entwicklung beim Grasfrosch

Fortpflanzung des Grasfrosches	**1., 2.** Abb. 1, 2
Anforderungen an das Laichgewässer	**3.** Abb. 3, 4
Diskussion über Gewässer: Naturnähe, Gräben, ...	**3.** Abb. 4

1.

a) Individuelle Lösung, darin:

- Im Frühjahr (Ende März / Anfang April) erfolgt die Wanderung zu den Laichgewässern, dort Eiablage in das Wasser und äußere Befruchtung.
- Aus den Eiern schlüpfen Larven, die Kaulquappen, mit äußeren Kiemen.
- Die Kiemen werden nach innen verlagert.
- Die Hinterbeine entstehen und wachsen.
- Die Vorderbeine durchbrechen die Haut, durch die sie noch umschlossen waren.
- Die Augen wölben sich vor und der Schwanz wird eingeschmolzen.
- Der Umwandlungsprozess heißt Metamorphose.
- Die Geschlechtsreife wird nach drei bis vier Jahren erreicht.

b) *Oben:* 2–3 Wochen nach dem Schlüpfen, die Außenkiemen werden in den Körper verlagert.
Mitte: 10–11 Wochen nach dem Schlüpfen, das linke Vorderbein durchbricht die Haut.
Unten: 1–2 Wochen nach dem Schlüpfen, die Kaulquappen besitzen Außenkiemen.

2.

	Kaulquappe	Frosch
Atmung	äußere Kiemen, später innere Kiemen	Lunge, Haut
Fortbewegung	hauptsächlich mit dem Ruderschwanz, später zusätzlich auch mit den Hinterbeinen	vier Beine, hauptsächlich mit den kräftigen Hinterbeinen, an Land hüpfend
Nahrung	Algen, die von Pflanzen abgenagt werden	Tiere, die mit der Klappzunge gefangen werden

3.

Gewässer a: als Laichgewässer kaum geeignet, höchstens für den Grasfrosch (zu schnell fließend).
Gewässer b: als Laichgewässer für alle Arten überhaupt nicht geeignet, da es kein offenes Wasser gibt.
Gewässer c: für die meisten Arten gut geeignet, Ausnahme: Grasfrosch, hier nur bedingt geeignet.
Gewässer d: für den Grasfrosch gut geeignet, geeignet für viele andere Arten (Wasserfrosch, Gelbbauchunke, Teichmolch, Bergmolch, Feuersalamander), nicht geeignet für die Kreuzkröte und Kammmolch.
Gewässer e: gut geeignet für Feuersalamander, geeignet für den Bergmolch, für die meisten Arten wenig geeignet (fehlender Bewuchs).

7.3 Atmung und Blutkreislauf

Wie nehmen Amphibien Sauerstoff auf, wo sie doch im Wasser und auf dem Land leben?	Abb. 1, 2
Änderung des Blutkreislaufs bei der Metamorphose von der Kaulquappe zum Frosch, dazu ein Vergleich mit dem Fisch	**1.** Abb. 3
Bau der Lunge und Anteil der Lungenatmung	**2.** Abb. 4, 5
Hautatmung und Lungenatmung beim Laubfrosch	**3.** Abb. 6

1.

Fisch: Eine Vorkammer, eine Herzkammer, Kiemen. sauerstoffreiches Blut und sauerstoffarmes Blut sind getrennt.

Kaulquappe: Zwei Vorkammern, davon nur eine genutzt, eine Hauptkammer, Kiemen; Lungen mit den zugehörigen Blutgefäßen schon vorhanden, aber noch nicht in Funktion. Sauerstoffreiches Blut und sauerstoffarmes Blut sind getrennt.

Frosch: Zwei Vorkammern, die beide genutzt werden. Lungen in Funktion, Kiemen nicht mehr vorhanden. Sauerstoffreiches Blut aus der Lunge vermischt sich in der Herzkammer mit sauerstoffarmen Blut aus dem Körper.

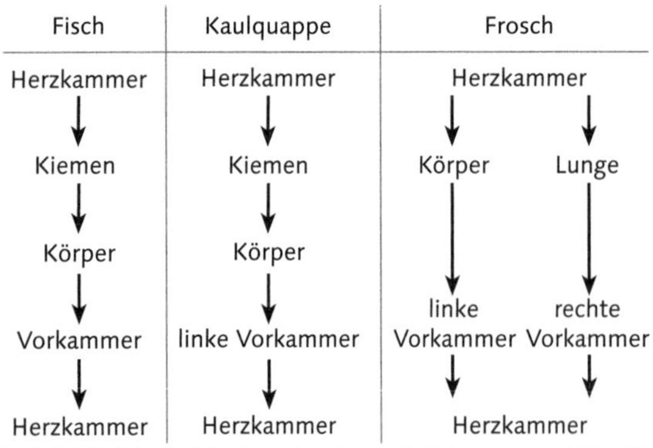

2.

Die Lungenflügel des Molches sind einfach gebaut, die innere Oberfläche ist kleiner als beim Frosch. Der Anteil der Lungenatmung ist gering (nur 23,3 % gegenüber 73,7 % Hautatmung). Die Lungenflügel des Frosches haben eine größere innerer Oberfläche, der Anteil der Lungenatmung ist größer (74,7 %). Vermutung: Die innere Oberfläche des Lungenflügels beim Feuersalamander liegt zwischen der des Frosches und des Molches. Bei der Erdkröte ist die innere Oberfläche des Lungenflügels wahrscheinlich ähnlich wie beim Frosch.

3.

Die Hautatmung ist in etwa das ganze Jahr über gleich. Da der Frosch seine Haut immer feucht hält, wird immer gleich viel Sauerstoff aufgenommen. Bei der Lungenatmung sind große Unterschiede in der Sauerstoffaufnahme zu sehen. Im Januar hat der Laubfrosch eine niedrige Körpertemperatur, sein Stoffwechsel ist stark herabgesetzt und der Frosch ist inaktiv. Es wird kaum Sauerstoff zusätzlich zur Hautatmung benötigt und demzufolge findet kaum Lungenatmung statt. Im Frühjahr, bei steigender Temperatur nimmt die Aktivität zu und erreicht zur Paarungszeit im April den Höchststand. Der notwendige zusätzliche Sauerstoff wird durch Lungenatmung aufgenommen. Während des Sommers lässt die Aktivität des Tieres nach, es muss nur für seine Ernährung sorgen. Folglich wird weniger Sauerstoff durch die Lunge aufgenommen. Ab Oktober sinkt die Körpertemperatur und damit die Aktivität enorm ab. Der Frosch sucht sein Winterquartier auf und fällt in Winterstarre. Damit reicht der über die Haut aufgenommene Sauerstoff wieder nahezu aus.

7.4 Wanderung von Amphibien

Wanderungen der Amphibien	**1.** Abb. 1, 2
Gefahren durch den Straßenverkehr	**1.** Abb. 2, 3
Auslösung des Wanderverhaltens	Grundwissen
Geschlechtsspezifisches Verhalten	**2.** Abb. 4

1.

a)

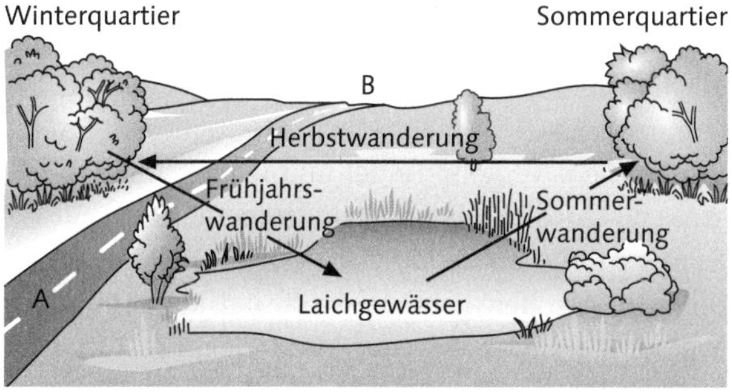

Erdkröten werden im Frühjahr bei Wanderung zum Laichgewässer überfahren. Wenn keine Maßnahmen (z. B. Amphibienzäune) ergriffen werden, sterben die Kröten in diesem Lebensraum möglicherweise aus. Da Verluste auch im Herbst beim Wechsel vom Sommerquartier zum Winterquartier auftreten werden, sind die Tiere trotz Schutzmaßnahmen gefährdet.

b) Die Abwanderung der Alttiere und die Wanderung der Jungtiere erfolgt über einen langen Zeitraum, sodass der Aufwand mit den täglichen Kontrollen enorm hoch ist.

c)
- Schutzzäune mit einer Untertunnelung der Straße
- Verlegung der Straße
- Verlegung des Laichgewässers mit Umsiedlung der Tiere (Laich!)

2.

Die Wanderung beginnt Anfang April und ist Mitte April beendet. Die Kröten wandern hauptsächlich bei Regen oder wenn es feucht ist. Die Temperatur spielt keine große Rolle. Es wandern mehr Männchen als Weibchen. Die Männchen beginnen früher mit der Wanderung. Die Männchen wandern auch bei tieferen Temperaturen als die Weibchen.
Viele Männchen sind schon am Laichgewässer, wenn die Weibchen eintreffen. Dies ist bedeutsam, weil die Männchen durch ihre Rufe die Weibchen anlocken. Da mehr Männchen als Weibchen zum Laichen kommen, ist so die Chance für die meisten Männchen, ein Weibchen zu bekommen größer. Wären die Weibchen früher am Gewässer, hätten die ersten Männchen die besten Chancen, alle später ankommenden Männchen würden kein Weibchen bekommen.
Präsentation: Individuelle Lösung.

7.5 Lebensraum und Schutz der Amphibien

Impuls: Warum sind Amphibien in Deutschland bedroht?	
Ansprüche der Amphibien	**1.** Abb. 1, 3
Veränderungen der Landschaft	**2., 3.** Abb. 2
Auswirkungen auf Amphibien	**2., 3.** Abb. 2, 3

1.

a)

Feuersalamander: Laichgewässer, Laubwald
Erdkröte: Laichgewässer, Hecken, Wiesen, Laubwald/Mischwald
Grasfrosch: Laichgewässer, Wiesen oder Laubwald/Mischwald
Teichmolch: Laichgewässer, Wiesen oder Laubwald/Mischwald

b)

Erdkröte: ca. 3873 m
Grasfrosch: ca. 1414 m
Molch: ca. 707 m

2.

Individuelle Lösung, darin z. B.:
Artenschutz kann nur gelingen, wenn der Lebensraum der Tiere geschützt ist. Dabei genügt es nicht, minimale Landstücke unter Schutz zu stellen, da für ein Überleben der Art die Population genügend groß sein muss. Der Schutz muss sich dabei auch auf andere Tiere und Pflanzen erstrecken, die für die zu schützende Art eventuell als Nahrung dienen und die wiederum von anderen Tieren und Pflanzen abhängig sind. Artenschutz gelingt daher nur durch Erhaltung der Artenvielfalt.

3.

Die Heide ist ganz verschwunden. Fast alle größeren Gewässer existieren nicht mehr. Die noch verbleibenden Wälder sind sehr klein. Sumpfgebiete sind vollständig verschwunden. Die Zahl der Gebäude und Straßen hat zugenommen.
Diskussion: Individuelle Lösung, darin z. B.:
Mögliche Gründe: Entwässerung und Rodung von Flächen, um mehr Acker- und Weideflächen zu bekommen. Es leben mehr Menschen in diesem Raum. Es gibt mehr Verkehr. Felder und Wiesen müssen mit großen Maschinen bewirtschaftet werden.
Einige mögliche Argumente: Die Zahl der Gewässer, die zum Laichen geeignet sind, hat abgenommen. Wälder als Sommer- oder Winterlebensraum sind nur noch in geringem Maß vorhanden. Bei den Wanderungen der Amphibien müssen oft Straßen überquert werden. Die Mindestlebensräume (ohne Ackerland) sind zerstückelt und die Teile zu weit voneinander entfernt.
Einige mögliche Vorschläge zur Verbesserung der Amphibiensituation: Anlegen weiterer Gewässer als Laichgewässer, Anpflanzung von Wäldern, Wälder mit Hecken verbinden, Anlegen von Amphibienschutzzäunen oder Tunneln an den Straßen.

M Lernplakat Amphibien

–

8 Fische in ihrem Lebensraum

8.1 Körperbau der Fische

Äußerer Bau eines Fisches	Abb. 1
Skelett des Fisches, Unterschiede und Gemeinsamkeiten zu anderen Wirbeltieren	Abb. 2
Die Haut der Fische	**1.** Abb. 3
Verschieden geformte Körper	**2.** Abb. 4, 5
Körperformen von Fischen	**3.** Abb. 1, 6, 7
Das Kofferfischauto	**4.** Abb. 8, 9

1.

a) Das Kopfende liegt links, die Schuppen sind dachziegelartig angeordnet, sodass das Wasser besser vorbeiströmen kann.

b) Mögliche Antworten:

- Verringerung der Reibung und damit des Widerstandes
- Erschwert Feinden das Festhalten
- Unangenehm (giftig) für Fressfeinde (ein logisches Argument, das aber kaum zutrifft)
- Schutz vor Krankheitserregern

2.

a) Reihenfolge der Geschwindigkeit:
Spindelförmiger Körper
Tropfenform, rundes Ende nach vorn
Tropfenform, rundes Ende nach hinten
Zylinder
Würfel

Die Geschwindigkeit ist von der Form abhängig, spindelförmige Körper bieten den geringsten Widerstand und sind daher am schnellsten.

b) Die Fischform ist in der Regel spindelförmig. Dadurch wird ein möglichst geringer Widerstand bei der Bewegung durch das Wasser erreicht. Stark abweichende Körperformen treten meist nur bei Fischen auf, die nicht auf hohe Dauergeschwindigkeiten angewiesen sind. Beispiele sind oft Arten, die am Gewässerboden leben, oder Fische mit guten Versteckmöglichkeiten (Beispiel Kofferfisch im Korallenriff – Abb. 4).

3.

a) Der Körper des Karpfens ist spindelförmig und mit großen Schuppen bedeckt. Der Rücken ist ziemlich hoch. Vom höchsten Punkt des Rückens befindet sich Richtung Schwanz die große Rückenflosse. Auch die Schwanzflosse, die Afterflosse, die Bauchflossen und Brustflossen sind gut ausgeprägt.

b) *Hecht:* Lang gestreckter spindelförmiger Körper, kein ausgeprägter Rücken. Das Maul ist groß. Die Rückenflosse sowie Bauch-, Brust- und Afterflosse sind im Vergleich zum Karpfen kleiner, die Schwanzflosse ist groß. Der Körper wirkt „pfeilartig".
Der Hecht lauert seiner Beute auf. Wenn ein Fisch vorbeikommt, schießt er pfeilartig vor und packt die Beute. Er benötigt dazu eine hohe Beschleunigung (große Schwanzflosse) und eine Form, die besonders wenig Widerstand im Wasser bietet.
Scholle: Der Körper ist flach und an den Boden gedrückt. Es sieht so aus, als würde der Fisch auf der Seite liegen. Dafür spricht die waagrecht auf dem Boden liegende Schwanzflosse, sowie die Rücken- und große Afterflosse, die beide auf dem Boden aufliegen. Die Farbe der Scholle ist dem Untergrund angepasst, sodass sie kaum zu erkennen ist. Die Scholle ist ein Bodenbewohner und nicht auf große Geschwindigkeiten ausgerichtet. Sie kann ihre Farbe dem Boden anpassen und ist daher gut getarnt.

4.

Auf den ersten Blick wirkt der Kofferfisch nicht besonders strömungsgünstig. Dafür scheint er sehr wendig zu sein, was ihm am Korallenriff zugute kommt. Für ein Auto hätte man eher ein strömungsgünstigeres Vorbild erwartet. Allerdings bietet die Spindelform wenig Innenraum. Der ist beim Kofferfischauto offenbar groß, günstig für die Personen und für die Gepäckmitnahme. Dazu kommt die schon angesprochene Wendigkeit. Beim Auto ist der Luftwiderstand nur ein Kriterium von vielen.

8.2 Die inneren Organe der Fische

Die inneren Organe der Fische und ihre Funktion	**2.** Abb. 2
Präparation und Funktion der Kiemen	**1., 3.** Abb. 3

1.

a) Individuelle Lösung, darin:
Die Kiemen liegen nun offen sichtbar vor. Die Zahl der Kiemenbögen beträgt auf jeder Seite vier.

b) Im Wasser „schwimmen" die Kiemenbögen mit den feinen Kiemenblättchen frei, an der Luft verkleben sie miteinander.

2.

Organ	Funktion
Leber	Umwandlung von Stoffen, um sie für den Körper nutzbar zu machen
Darm	Aufnahme der Nährstoffe aus der Nahrung und Abgabe in das Blut
Magen	Verdauung
Schwimmblase	hilft beim Schweben im Wasser
Niere	Ausscheiden der Abfallstoffe aus dem Blut
Blase	Sammeln des Harns
Eierstock/Hoden	Eierstöcke: Produktion der Eier Hoden: Produktion der Spermien
Herz	Pumpt das Blut durch den Körper
Kiemen	Atmung

3.

An Land verkleben die Kiemenblättchen miteinander. Dadurch nimmt die Oberfläche stark ab und der Fisch kann nicht genug Sauerstoff über die Kiemen aufnehmen. Er erstickt. Nur im Wasser entfalten sich die Kiemenblättchen frei und können so genügend Sauerstoff aus dem Wasser aufnehmen.

8.3 Atmung und Blutkreislauf der Fische

Fische atmen durch Kiemen.	Abb. 1
Wie gelangt der Sauerstoff in das Wasser?	**3.** Abb. 2, 5
Der Sauerstoff wird durch das Blut im Körper verteilt.	**2.** Abb. 4
Abhängigkeit des Sauerstoffbedarfs von der Temperatur	**1.** Abb. 3

1.

a)

Temperatur	durchschnittliche Zahl der Kiemendeckelbewegungen pro Minute
10 °C	39,25
15 °C	57
20 °C	78,25
25 °C	113,5

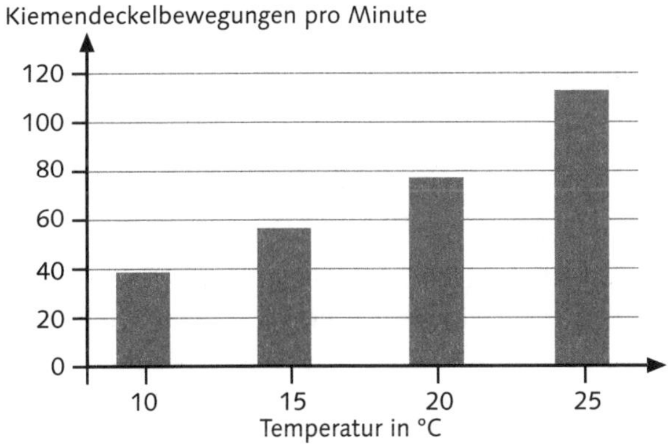

b) Es sind zwei Hypothesen möglich:
- Die Stoffwechselaktivität des Fisches nimmt mit steigender Temperatur zu. Deshalb steigt auch der Sauerstoffverbrauch, der Fisch muss schneller „atmen".
- Das Wasser enthält bei 10 °C mehr Sauerstoff als bei 25 °C, der Fisch muss bei 25 °C mehr atmen.

⇒ Aufarbeitung der Frage: Wie kann man das überprüfen? Z. B. Wasser abkühlen ohne zu rühren, um eine zusätzliche Sauerstoffaufnahme zu vermeiden und den Versuch wiederholen.

2.

Mensch	Fisch
1 Herz	1 Herz
2 Vorkammern	1 Vorkammer
2 Herzkammern	1 Herzkammer
Sauerstoffreiches und sauerstoffarmes Blut sind getrennt.	Sauerstoffreiches und sauerstoffarmes Blut sind getrennt.
Das Herz pumpt sowohl das sauerstoffarme als auch das sauerstoffreiche Blut.	Das Herz pumpt nur das sauerstoffarme Blut.

3.

Bei niedrigen Temperaturen und bei Wellen und Strömung (durch den Wind) löst sich mehr Sauerstoff. Außerdem wird von den Pflanzen im Wasser durch Fotosynthese umso mehr Sauerstoff produziert, je mehr Licht vorhanden ist.
Der Anstieg des Sauerstoffgehalts am Tag lässt sich auf die Fotosynthese der Wasserpflanzen zurückführen, die den Sauerstoff in das Wasser abgeben. Die Menge ist vom Wetter (Licht) abhängig. Nachts wird kein Sauerstoff produziert, aber von den Lebewesen verbraucht. Der Sauerstoffgehalt sinkt dadurch.

8.4 Fortpflanzung und Entwicklung bei den Fischen

Befruchtung und Entwicklung von Fischen am Beispiel Forelle	**2.** Abb. 1, 2

Die Wanderung der Lachse	**1.**

Fischfang, Überfischung und Fischfarmen	**3., 4.** Abb. 3 - 5

1.

Die jungen Lachse schlüpfen in den oberen Bachläufen. Dort erfolgt auch die Entwicklung der Larven. Nach ein bis zwei Jahren folgen die Jungfische dem Wasser des Baches bis ins Meer, wo sie weitere zwei bis drei Jahre auf Nahrungssuche umherstreifen. Dann suchen sie, mittlerweile geschlechtsreif geworden, ihr Geburtsgewässer wieder auf. Sie finden es mithilfe ihres Geruchssinns. Während der Wanderung nehmen sie keine Nahrung auf. Dort im Oberlauf des Baches erfolgt die Eiablage und die Befruchtung. Die meisten Lachse sterben danach, nur wenigen gelingt die Rückkehr ins Meer und eine erneute Fortpflanzung im darauf folgenden Jahr.

2.

a)

Alter in Tagen	Länge auf dem Bild in mm	umgerechnete Größe in mm
1	15	6
41	60	24
71	70	35
220	73	131
450	72	331

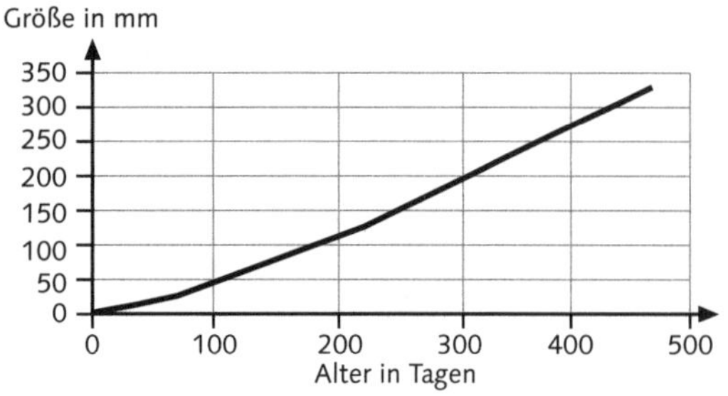

b) Das Ei misst nach der Ablage 6 mm. Aus dem Ei entwickelt sich die Fischlarve. Sie ist mit dem Dottersack verbunden. Hieraus erhält die Larve ihre Nahrung. Nach 41 Tagen ist sie bereits 24 mm groß. Am 71. Tag kann man schon die künftige Farbzeichnung an dem Jungfisch erkennen, der Dottersack ist nicht mehr vorhanden. Die Fische wachsen schnell und haben nach 450 Tagen eine Länge von mehr als 30 cm erreicht.

3.

1974 war die Hälfte der Fischgründe bereits ausgenützt, einige sogar schon überfischt. Nur ein gutes Drittel der Fischgründe verfügte noch über Reserven. Der Vergleich mit 2008 macht eine dramatische Entwicklung deutlich: Mehr als die Hälfte der Fischgründe sind voll ausgenutzt, und die überfischten Fanggründe haben sehr stark auf etwa ein Viertel zugenommen. Nur noch wenige Fischgründe verfügen über Reserven. Dies zeigt, dass der Fischfang nicht mehr gesteigert werden kann, sondern in den überfischten Gebieten reduziert werden muss, damit sich die Fischbestände erholen und wieder anwachsen können. Da bietet sich an, Fisch in Fischfarmen zu erzeugen, um die natürlichen Bestände zu schonen. So kann der Betreiber immer Fisch liefern, auch ohne eine teure Fangflotte.

4.

Individuelle Lösung, darin z. B.:
Argumente für Fischfarmen: Fische sind ein hochwertiges Nahrungsmittel, der Fischverzehr ist daher zu empfehlen. Der Verzehr hat eine lange Tradition. Viele Fischgründe sind überfischt, da bieten sich Fischfarmen an.
Argumente gegen Fischfarmen: In den Fischfarmen werden viele Fische auf engstem Raum gehalten. Krankheiten können sich schnell ausbreiten. Um dies zu vermeiden, werden oft viele Medikamente eingesetzt, die in die Umwelt gelangen. Dies kann zur Entwicklung von auch für Menschen schädlichen Bakterien führen. Auch die vielen Ausscheidungen der Fische schädigen die Umwelt. Als Fischfutter dient Fischmehl aus kleinen Fischen, die extra dafür gefangen werden. Durch den erheblichen Fang dieser Arten wird die natürliche Nahrungskette gestört. Das Problem der Überfischung und des Rückgangs vieler anderer Fische ist die Folge.

9 Wirbeltiere im Vergleich

9.1 Vergleichender Überblick: Die Klassen der Wirbeltiere

Vergleich der Wirbeltiergruppen	**1.** Abb. 1, 2

Angepasstheiten an den Lebensraum	**1., 2.** Abb. 1, 2

1.

	Säugetiere	Vögel	Reptilien	Amphibien	Fische
Fortbewegung	laufen auf 2 oder 4 Beinen	fliegen (oder laufen auf 2 Beinen)	laufen oder kriechen auf 4 Beinen oder ohne Beine	laufen, springen, schwimmen	schwimmen
Körperbedeckung	Haut mit Haaren	Haut mit Federn	Haut mit Hornschuppen oder Hornschilden	drüsenreiche Haut, immer feucht	drüsenreiche Haut mit Schuppen
Körpertemperatur	gleichwarm	gleichwarm	wechselwarm	wechselwarm	wechselwarm
Atmung	Lungenatmung	Lungenatmung, Luftsäcke	Lungenatmung	Lungenatmung und Hautatmung, bei Larven Kiemenatmung	Kiemenatmung
Fortpflanzung und Entwicklung	Entwicklung nach innerer Befruchtung im Mutterleib, Junge werden gesäugt	legen nach innerer Befruchtung Eier, die ausgebrütet werden, zum Teil werden die Jungen nach dem Schlüpfen gefüttert	legen nach innerer Befruchtung Eier in den Boden, Junge sind nach dem Schlüpfen selbständig	legen Eier ins Wasser, äußere Befruchtung, Larven im Wasser	legen Eier ins Wasser, äußere Befruchtung, aus den Eiern schlüpfen Larven

2.

Fische: Das Wasser strömt ständig an den Kiemenblättchen vorbei. Dadurch und durch die große Oberfläche der Kiemenblättchen kann pro Zeiteinheit viel Sauerstoff aus dem Wasser ins Blut gelangen. Die schleimige Haut lässt den Fisch leichter durchs Wasser gleiten. Feinde können den schlüpfrigen Fisch nur schlecht packen. Die Schuppen dienen auch dem Schutz vor Verletzungen.

Amphibien: Larven atmen mit Kiemen unter Wasser, ausgewachsene Tiere mit der Lunge an Land. Mit ihrer dünnen, gut durchbluteten Haut werden Amphibien im Wasser zusätzlich über die Hautatmung mit Sauerstoff versorgt. Die schleimige Haut macht sie schlüpfrig, so dass Feinde die Amphibien schlechter packen können. Der Schleim enthält Gifte und dient auch der Abwehr und dem Schutz vor Krankheitserregern.

Reptilien: Die trockene Haut ist mit den Hornschuppen oder Hornschilden gegen Austrocknung und Verletzungen geschützt. Durch diese Haut gelangt kein Sauerstoff, sodass Reptilien allein auf die Lunge zur Atmung angewiesen sind. Die innere Oberfläche der Lunge ist stärker aufgefaltet als bei den Amphibien aber nicht so stark wie bei den Säugetieren. Im Vergleich zu den Amphibien kann über die Lunge der Reptilien deshalb viel mehr Sauerstoff ins Blut gelangen.

Vögel: Die Haut ist mit Federn bedeckt. Große Federn dienen als Schwungfedern und als Steuerfedern beim Fliegen. Daunenfedern schützen mit ihrem Luftpolster die gleichwarmen Vögel vor Wärmeverlusten. Vögel atmen über Lungen. Ein großer Atemluftvorrat in Luftsäcken, die mit den Lungen verbunden sind, deckt bei ihnen den erhöhten Sauerstoffbedarf beim Fliegen.
Säugetiere: Haare schützen als Fell mit ihrem Luftpolster die gleichwarmen Säugetiere vor Wärmeverlusten. Weiterhin dient das Fell dem mechanischen Schutz. Säugetiere benötigen für die Aufrechterhaltung ihrer Körpertemperatur und die Muskeltätigkeit viel Energie, die sie durch den Stoffwechsel erhalten. Hierfür ist viel Sauerstoff notwendig. Durch die vielen Verästelungen in der Lunge und die dadurch stark vergrößerte Oberfläche gelangt viel Sauerstoff ins Blut.

M Ordnen mit Kriterien

1.

a)

1 Delfin
2 Kreuzspinne
3 Blaumeise
4 Zauneidechse
5 Feuersalamander
6 Schlange
7 Steinmarder
8 Fliege
9 Hecht
10 Weinbergschnecke
11 Regenwurm
12 Fledermaus

b)

Wirbeltiere: 1, 3, 4, 5, 6, 7, 9, 12
Wirbellose: 2, 8, 10, 11
gleichwarm: 1, 3, 7, 12
wechselwarm: 2, 4, 5, 6, 8, 9, 10, 11

2.

Individuelle Lösung, z. B.:
Fleischfresser – Pflanzenfresser
wasserlebend – landlebend
...

9.2 Vergleich: Wirbeltiere – wirbellose Tiere

Vielfalt bei Wirbellosen	**1.** Abb. 1, 2
Vergleich Insekten – Wirbeltiere	Abb. 3
Rieseninsekten	**2.**

1.

Individuelle Lösung, z. B. eine nach Tortenstückgröße sortierte Liste:

Käfer
Übrige Insekten
Schmetterlinge
Weichtiere
Zweiflügler
Hautflügler
Übrige wirbellose Tiere
Wirbeltiere
Spinnentiere
Würmer
Krebstiere

2.

Bei den Wirbeltieren fließt das Blut in Adern, es handelt sich um ein geschlossenes Blutkreislaufsystem. Bei den Wirbellosen wird das Blut von einem schlauchartigen Herz in Richtung Kopf gepumpt. Von dort fließt das Blut frei ohne Blutgefäße durch den Körper. Aufgrund der Pumpbewegung des Herzens wird es vom Herz wieder angesaugt und erneut in Richtung Kopf gepumpt. Es handelt sich um ein offenes Blutkreislaufsystem.

Bei den Wirbeltieren erfolgt die Atmung über Lungen (bei Amphibien auch über die Haut) oder Kiemen. Der aufgenommene Sauerstoff wird vom Blut zu den einzelnen Organen transportiert. Bei vielen Wirbellosen (hier Insekten) gelangt der Sauerstoff durch die Stigmen an der Körperaußenseite über ein Röhrensystem, die Tracheen, direkt zu den Organen mit ihren Zellen. Es erfolgt kein aktiver Transport. Vor 300 Millionen Jahren war der Sauerstoffgehalt in der Luft etwa doppelt so hoch wie heute. Damit konnte der Sauerstoff in den Tracheen weiter in den Insektenkörper eindringen. Bei dem heutigen Sauerstoffgehalt wäre er bei einem so großen Insektenkörper schon verbraucht, bevor er weit genug zu den inneren Organen vordringen könnte. Bei den Wirbeltieren wird der Sauerstoff über das Blut transportiert und erreicht damit alle Organe, unabhängig davon wo sie im Körper liegen. Wirbeltiere können deshalb größer sein als Insekten.

B Wiederholen mit Basiskonzepten zum Thema »Wirbeltiere«

1.

1. Geschichte und Verwandtschaft
2. Gliederung in Organe
3. Steuerung und Regelung
4. Vielfalt und Angepasstheit
5. Struktur und Funktion
6. Struktur und Funktion
7. Struktur und Funktion, Fortpflanzung
8. Information und Verständigung
9. Fortpflanzung, Gliederung in Organe
10. Stoff- und Energieumwandlung, Steuerung und Regelung
11. Struktur und Funktion, Gliederung in Organe
12. Fortpflanzung

10 Lebensräume und Jahreszeiten

10.1 Lebensräume in der Umgebung

Eine Blumenwiese ist artenreich.	Abb. 1
Artenreiche und artenarme Biotope	**1.** Abb. 1, 2
Die Umgebung unserer Schule	**2.** Abb. 2
Der Mensch gestaltet seine Umwelt.	**3.** Abb. 1 - 3

1.
Bild links: Das Bild zeigt eine Blumenwiese vor einem Haus. Wahrscheinlich wurde die Blumenwiese von Menschen ausgesät. Dabei wurde darauf geachtet, dass viele verschiedene, blühende Pflanzenarten im Saatgut enthalten waren. Anschließend hat man die Wiese nicht gemäht. So konnten sich die Pflanzen ungestört vom Menschen entwickeln. Es ist eine große Artenvielfalt vorhanden.
Bild rechts oben: Das Bild zeigt einen Laubwald. Es sind Bäume und einige Bodenpflanzen zu sehen. Die Artenvielfalt ist geringer als auf dem Bild links. Ob der Wald von Menschen angelegt wurde, kann man nicht sofort erkennen. Da die Bäume ähnlich groß und dick sind, ist dies aber wahrscheinlich.
Bild rechts unten: Das Bild zeigt nur eine Pflanzenart, nämlich Gras. Der Rasen wurde von Menschen angelegt und wohl regelmäßig gemäht. Der Rasen ist artenarm.

2.
Individuelle Lösung.

3.
In der Zeit von 1950 bis 2005 wurden Straßen gebaut, der See begradigt und der Bach ist verschwunden. Auch die Feuchtgebiete sind fast verschwunden. Das Dorf ist größer geworden. Die Felder sind rechteckig und es gibt keine Wiesen mehr. Ebenso fehlen 2005 Hecken und kleine Wäldchen in der Landschaft. Nur ein einzelner Baum am See hat überlebt. Die Landschaft ist artenärmer geworden. Mögliche Ursachen: Individuelle Lösung, darin z. B.: Es leben mehr Menschen in der Region, daher gibt es ein hohes Verkehrsaufkommen und mehr Siedlungsfläche. Die Landwirtschaft wurde mechanisiert, daher sind die Felder eckiger und für die großen Maschinen besser zugänglich. ...

10.2 Jahreszeiten, Licht und Wärme

Die Tageslänge im Verlauf eines Jahres	**1.** Abb. 1
Die Tageslänge beeinflusst die Temperatur und damit den Ablauf der Jahreszeiten.	**1.** Grundwissen
Veränderungen der Natur im Laufe der Jahreszeiten	**2., 3.** Abb. 2 - 4

1.
Der längste Tag ist der 21. Juni. Die Tageslänge beträgt 16 Stunden, die Nacht hat nur acht Stunden. Der kürzeste Tag ist der 22. Dezember. Die Verhältnisse sind dann genau umgekehrt. Der Tag hat acht Stunden, die Nacht 16 Stunden. Zum Frühlingsanfang und Herbstanfang sind Tag und Nacht mit je zwölf Stunden gleich lang. Vom Frühlingsanfang an nimmt die Tageslänge bis zum 21. Juni zu, dann wieder ab. Ab dem 23. September ist der Tag kürzer als die Nacht, die Tageslänge nimmt bis zum 22. Dezember ab, dann wieder zu, bis am 21. März wieder Tag und Nacht gleich lang sind.
Im Sommerhalbjahr ist die Tageslänge größer. Es treffen daher mehr Sonnenstrahlen auf. So werden auch mehr Sonnenstrahlen in Wärme umgewandelt. Es ist wärmer. Im Winter ist die Tageslänge kurz, es werden daher nur wenige Sonnenstrahlen in Wärme umgewandelt und es ist kälter.

2.
a)
a) Die Hasel blüht im Vorfrühling.
b) Forsythien blühen meist Ende März und Anfang April, also im Erstfrühling.
c) Holunderbeeren reifen meist im August/September. Es ist also Frühherbst.
d) Eicheln zeigen den Vollherbst an.

b) Individuelle Lösung.

3.
Individuelle Lösung, darin z. B.:
Herbst: Der Baum trägt Früchte, bei Baum und Büschen tritt Laubfärbung auf.
Winter: Baum und Büsche sind kahl, es liegt Schnee und der Teich ist zugefroren.

10.3 Lebensräume im Verlauf der Jahreszeiten

Lebensräume einer Landschaft	**1.** Abb. 1 a	
Der Lebensraum Baum	**2.**	
Die Landschaft im Laufe des Jahres	**3.** Abb. 1	

1.
Lebensräume: Feuchtgebiete, See, Bach, Fluss, Garten, Bäume, Hecken, Rasen, Acker, Wiese, Wald, Wegrand.

2.
Individuelle Lösung.

3.
c: Winter (Schnee)
b: Vorfrühling (Schmetterling, Bäume noch kahl)
a: Frühling (erste Blätter)
f: später Frühling (Getreidefelder werden gelb, viele Insekten)
g: Frühsommer (Felder gelb, Lindenblätter noch hellgrün)
i: Spätsommer (erste Felder geerntet und gepflügt, Brombeeren reif)
d: Frühherbst (alle Felder gepflügt, Nebel, reife Brombeeren, Früchte am Baum)
h: Vollherbst (Laubfärbung)
e: Spätherbst (Blätter sind bereits gefallen, Felder braun, noch Früchte am Baum)

10.4 Körpertemperatur bei gleichwarmen Tieren

Vor- und Nachteile gleichwarmer Tiere	**2., 3** Abb. 2, 3, 5

Vor- und Nachteile wechselwarmer Tiere	**2.** Abb. 1, 5

Gleichwarme und wechselwarme Tiere im Vergleich	**1.** Abb. 4

Auch wechselwarme Tiere regulieren ihre Körpertemperatur.	**4., 5.** Abb. 1, 6, 7

1.
Bei der Eidechse nimmt die Stoffwechselintensität mit steigender Umgebungstemperatur zu. Dies liegt daran, dass mit steigender Umgebungstemperatur auch ihre Körpertemperatur steigt. Damit steigt auch der Stoffwechsel an.
Bei der Maus sinkt die Stoffwechselintensität bis zu einer Temperatur von ca. 27 °C ab. Je höher die Umgebungstemperatur wird, um so weniger muss die Maus durch ihren Stoffwechsel „heizen", um ihre Körpertemperatur zu halten. Von 27 °C bis 32 °C bleibt die Stoffwechselintensität gleich und steigt bei höheren Temperaturen wieder an. Dieser Anstieg kann erklärt werden, indem man annimmt, dass die Maus nun „kühlen" muss und diese Maßnahmen, z. B. ein beschleunigter Blutkreislauf, von einem erhöhten Stoffwechsel begleitet sind.

2.
Die Ringelnatter nimmt pro Gramm Körpermasse 3,5 Gramm Nahrung im Jahr auf. Bei der Maus beträgt der Wert 146,7 Gramm, beim Mensch sind es 7,3 Gramm. Die Ringelnatter nimmt vergleichsweise wenig Nahrung zu sich, da sie als wechselwarmes Tier keine Energie für die Regulation der Körpertemperatur benötigt. Die gleichwarme Maus benötigt sehr viel Nahrung, um ihre Körpertemperatur konstant hoch zu halten. Der Nahrungsbedarf ist bei der Maus sehr viel größer als beim Menschen, weil sie als kleines Tier schneller auskühlt und nur ein dünnes Fell und kaum Unterhautfettgewebe zur Isolation hat.

3.
Das afrikanische Borstenhörnchen hat offenbar ein Fell mit kurzen Haaren, das zwar isoliert, aber nicht zu einem Hitzestau führt. Bemerkenswert ist sein großer buschiger Schwanz. Es sieht so aus, als würde er als Schattenspender fungieren. Damit ist das Borstenhörnchen unabhängig von Schatten durch z. B. Bäume, Sträucher oder Felsen.

4.
Die Kreuzotter braucht kühle und feuchte Landschaften mit sonnigen Plätzen. Sie kann die Kälte gut ertragen. Wenn es zu kalt wird, suchen die Tiere Höhlen oder Felsspalten auf und fallen in Kältestarre. Ihr Stoffwechsel ist dann stark herabgesetzt. So können sie mit ihren Fettreserven aus dem Sommer überleben. Während der Sommermonate suchen die Kreuzottern häufig sonnige Plätze zum Aufwärmen auf. Damit können die Kreuzottern ihren Stoffwechsel und damit ihre Beweglichkeit erhöhen.

5.
Nachtfalter erzeugen durch Vibrationen, also Muskelaktivität, so viel Stoffwechselwärme, dass ihre Körpertemperatur steigt. Erst wenn 38 °C erreicht sind, fliegen sie los. Dann haben sie die Beweglichkeit für schnellen Flügelschlag erreicht. Die Nachtfalter sind damit nicht so stark auf höhere Umgebungstemperaturen angewiesen, sondern können ihre Körpertemperatur durch ihr Verhalten selbst regulieren. Die Aussage in der Aufgabenstellung trifft also nur bedingt zu und ist so unvollständig.

10.5 Körpertemperatur und Beweglichkeit

Körpertemperatur und Beweglichkeit	**1. a, b** Abb. 1, 2
Wechselwarme Tiere mögen es warm.	**2.** Abb. 2, 4
Artenzahl und Klima	**4.** Abb. 3
Vergleich wechselwarm - gleichwarm	**1. c**
Körpertemperatur und Verhalten	**3.** Abb. 5

1.

a) Das obere Diagramm gehört zu einem gleichwarmen Tier. Die Beweglichkeit ist von niedriger Temperatur bis hoher Temperatur gleich, weil das Tier seine Körpertemperatur gleich hält. Das untere Diagramm gehört zu einem wechselwarmen Tier. Dessen Körpertemperatur und damit seine Beweglichkeit verändern sich mit der Umgebungstemperatur.

b) Das gleichwarme Tier hält seine Körpertemperatur gleichbleibend hoch. Damit ist es auch immer in gleicher Weise beweglich. Nur bei sehr tiefen und sehr hohen Temperaturen kann das Tier die Körpertemperatur nicht halten und stirbt.

Das wechselwarme Tier ist bei tiefen Temperaturen in der Kältestarre. Steigt die Umgebungstemperatur, steigt auch die Körpertemperatur und damit seine Beweglichkeit. Ab einer gewissen Temperatur treten Schäden auf. Das Tier fällt in Wärmestarre und stirbt schließlich.

c)

	gleichwarm	wechselwarm
Aktivität	immer hoch	abhängig von der Temperatur
Nahrungsbedarf	immer hoch	abhängig von der Temperatur
Kältestarre	nein	ja, bei sehr tiefen Temperaturen
Wärmestarre	nein	ja, bei sehr hohen Temperaturen

Ein wechselwarmes Tier ist nur aktiv, wenn die Umgebungstemperatur im richtigen Bereich liegt. Ist die Temperatur darunter, ist das Tier kaum oder gar nicht aktiv. Es benötigt dann auch kaum Nahrung und kann so auch kalte Zeiten überleben. Es kann aber in diesem inaktiven Zustand auch nicht vor Feinden fliehen. Ein gleichwarmes Tier kann immer aktiv sein und benötigt ständig viel Nahrung, um die hohe Körpertemperatur zu halten.

2.

Bei 20 °C bis 30 °C ist die Laufgeschwindigkeit des Sandlaufkäfers sehr gering. Erst bei 35 °C erreicht die Laufgeschwindigkeit ein Zentimeter pro Sekunde, bei 40 °C sind es vier Zentimeter pro Sekunde. Der Käfer ist ein wechselwarmes Tier. Unter 35 °C ist seine Körpertemperatur zu niedrig für schnelles Laufen. Der Käfer ist offenbar an eine hohe Temperatur von 40 °C angepasst.

3.

Um 15.00 Uhr ist die Eidechse in der Sonne. Ihre Körpertemperatur liegt über 39 °C. Nun sucht die Eidechse den Schatten auf. Dort kühlt sie bis auf ca. 34 °C ab. Nun verlässt sie den Schatten und heizt in der Sonne ihren Körper wieder auf. Bei 40 °C Körpertemperatur sucht sie wieder den Schatten auf, um abzukühlen. Dieses Verhalten wiederholt sich bis 17.00 Uhr noch einige Male. Die Eidechse kann so durch ihr Verhalten steuern, dass ihre Körpertemperatur trotz der hohen Temperaturen in der Wüste immer im Bereich zwischen 34 °C und 41 °C bleibt. Dieser Bereich ist für das Tier offenbar am günstigsten.

4.

Wechselwarme Tiere sind an höhere Temperaturen angepasst. Nur dann haben sie die erforderliche Aktivität, um genügend Nahrung zu erhalten. Bei St. Petersburg (ehemals Leningrad) ist das Klima kalt, also sehr ungünstig für wechselwarme Tiere. Je weiter man nach Süden kommt, um so wärmer wird es. Im Mittelmeerraum findet man daher die meisten Reptilien.

10.6 Das Igeljahr

Igel haben ein Insektenfresser-gebiss.	Abb. 3 Grundwissen
Der Igel im Winterhalbjahr	**1.** Abb. 4
Igel im Straßenverkehr	**2.** Abb. 5, 1
Vorkommen von Igeln	**3., 4.** Abb. 6

a)

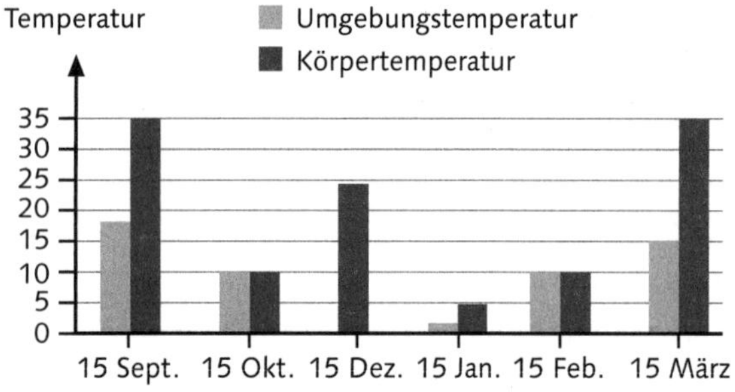

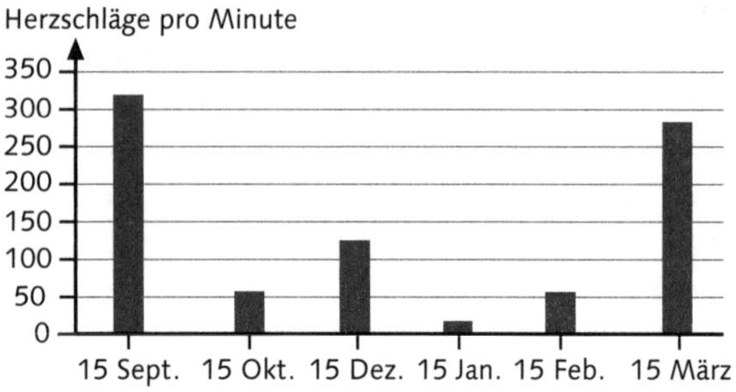

b) Im Winterschlaf sinken Körpertemperatur und Herzschlag. Je geringer die Körpertemperatur ist, um so langsamer schlägt das Herz.

c)

15. September: Der Igel ist noch nicht im Winterschlaf, Körpertemperatur und Herzschlag sind normal.

15. Oktober: Der Igel ist im Winterschlaf, seine Körpertemperatur und sein Herzschlag sind abgesenkt.

15. Dezember: Der Igel ist aufgewacht, da seine Umgebung zu kalt ist. Körpertemperatur und Herzschlag sind angestiegen.

15. Januar: Der Igel ist im Winterschlaf.

15. Februar: Der Igel ist im Winterschlaf.

15. März: Der Igel hat den Winterschlaf beendet, Körpertemperatur und Herzschlag sind normal.

d) Beim Aufwachen „heizt" der Igel den Körper auf. Dazu wird Energie aus den Fettreserven benötigt. Bei mehrmaligem Aufwachen sind schließlich nicht mehr genügend Fettreserven vorhanden, der Igel stirbt.

2.

a) Von Dezember bis April sterben fast keine Igel im Straßenverkehr, weil die Tiere in dieser Zeit Winterschlaf halten und somit nicht aktiv sind. Von Mai bis August sind die Verkehrsopferzahlen hoch, weil die Tiere aktiv sind und bei der Futtersuche häufig Straßen überqueren. Die Zahl steigt bis zum Sommer an, weil die Igelzahl durch die Geburten steigt. Im Oktober/November sinken die Zahlen wieder ab, weil manche Tiere sich schon zum Winterschlaf zurückziehen.

b) Igel sind aufgrund ihres Stachelkleides keine Fluchttiere. Bei Gefahr rollen sie sich ein und sind so geschützt. Dieses Verhalten zeigen Igel auch, wenn sich ein Auto nähert. Sie bleiben dann auf der Straße liegen und werden überfahren.

3.

a)

	Igel pro Quadratkilometer
Stadtzentrum	0
Stadtrand	10
Waldrand	13
Acker	3

b) In Stadtzentren hat der Igel durch die enge Bebauung keine Nahrung. Zudem hätte er keine Chance, im dichten Straßenverkehr zu überleben. Am Stadtrand gibt es viele Gärten mit genügend Nahrung und Versteckmöglichkeiten für den Winterschlaf. Noch mehr Möglichkeiten bietet ein Waldrand, deshalb leben hier am meisten Igel pro Quadratkilometer. Äcker sind sehr artenarm und bieten daher nur wenig Nahrung und Versteckmöglichkeiten für den Igel. Deshalb gibt es hier nur wenige Igel.

4.

	Merkmale, die den Igel fördern	Merkmale, die den Igel beeinträchtigen
Bild 1	Laubhaufen, Hecken	
Bild 2	Rasen für Würmer und Insekten	Sonst keine Nahrung und keine Versteckmöglichkeiten
Bild 3		Mauer
Bild 4	Insekten in der Blumenhecke	
Bild 5	Büsche	Schwimmbecken ist eine große Gefahr
Bild 6	Trinkwasser, Stauden	

Zeichnung: Individuelle Lösung, darin z. B.: Büsche, Hecken, Laubhaufen, Steinhaufen, durchlässige Begrenzung.

10.7 Das Eichhörnchen hält Winterruhe

Wie leben Eichhörnchen und wie überwintern sie?	Abb. 2
Unterschiedliche Überwinterungsstrategien bei Eichhörnchen und Igel	**1.**
Woher wissen Eichhörnchen, wie sie Nüsse knacken und Vorräte anlegen sollen?	**4., 5.** Abb. 3–5
Das Nagetiergebiss	**2., 3.** Abb. 1, 6

1.

a) Mögliche Argumente:

Schlechtes Wetter zwingt die Eichhörnchen, oft längere Zeit ohne Nahrung im Kobel zu bleiben.

Versteckte Nahrung wird nicht immer gefunden, sodass Nahrungsmangel droht.

b) Unterschiede:

Eichhörnchen	Igel
Winterruhe	Winterschlaf
Herzschlag gleichbleibend	Herzschlag herabgesetzt
Atmung gleichbleibend	Atmung herabgesetzt
Körpertemperatur gleichbleibend	Körpertemperatur herabgesetzt
häufig aktiv	Dauerschlaf
Verstecken von Nahrung im Herbst	keine Vorräte

Gemeinsamkeiten: Beide (Eichhörnchen und Igel) fressen sich im Herbst eine Speckschicht an.

2.

Das Eichhörnchen hat vorne im Oberkiefer und Unterkiefer je einen großen Nagezahn. Eckzähne fehlen. Im Oberkiefer befinden sich auf jeder Seite fünf und im Unterkiefer vier Backenzähne. Zwischen den Nagezähnen und den Backenzähnen befindet sich eine große Lücke.

Das Insektenfressergebiss des Igels verfügt vorne auf jeder Seite in beiden Kiefern über zwei scharfe Schneidezähne, denen je ein kleiner Eckzahn folgt. Daran schließen sich je sechs Backenzähne an, sodass der Igel über viele spitze Zähne verfügt.

3.

a) Das Zahnbein wird schneller abgenutzt, weil es weicher ist. Dadurch bleibt durch den harten Schmelz immer eine scharfe Kante bestehen.
b) Nagezähne wachsen ständig nach. Werden sie nicht abgenutzt, werden sie so lang, dass sie die Nahrungsaufnahme behindern oder sogar verhindern.

4.

a) Eichhörnchen beherrschen angeboren die Fähigkeit zum Nagen und Öffnen von Nüssen. Allerdings nagen sie anfangs wahllos an der Nuss, bis sich diese öffnen lässt. Mit zunehmenden Alter lernen sie, genau entlang der Nussfasern zu nagen, sodass sich die Nuss leicht öffnen lässt. Dieses Lernen geschieht durch Ausprobieren, aber auch durch Zuschauen bei erfahrenen Tieren.
b)
a: Sehr unerfahren, sehr viel Nagetätigkeit.
b: Mehr erfahren als bei b, Nagetätigkeit geringer als bei a.
c: Sehr erfahren, nur wenige Nagespuren vorhanden.

5.

Man müsste Eichhörnchen isoliert aufziehen und ihnen im Herbst in einem geeigneten Gelände Nüsse anbieten. Verstecken sie die Nüsse, ist das Verhalten angeboren.

10.8 Zugvögel überwintern in warmen Gegenden

Warum ziehen einige Vogelarten im Herbst nach Süden, während andere das ganze Jahr hierbleiben?	**1.** Abb. 1, 5
Untersuchung des Vogelzuges	**2., 3.** Abb. 3, 4
Zugverhalten der Gartengrasmücke	**4.** Abb. 2, 3

1.

Jahresvögel: Feldsperling, Kohlmeise. Nahrung (Samenkörner, Knospen) auch im Winter vorhanden.
Zugvögel: Zilpzalp, Pirol, Gartenrotschwanz. Nahrung (Insekten) nur im Sommer vorhanden.

2.

Die meisten Zugstraßen führen über Frankreich und Spanien nach Afrika. Dabei ist der Weg über das Meer (Meerenge von Gibraltar) nur kurz. Auch die Zugstraßen über das östliche Mittelmeer oder über Kleinasien liegen so, dass die Vögel möglichst lange über das Land fliegen können.

3.

In der Abbildung a fliegen die Tiere alle in Richtung Süd bis West. Diese Aufnahme entstand also im Herbst, wenn die Zugvögel in ihre Winterquartiere ziehe, die in Südeuropa oder Afrika liegen. Im Diagramm b ziehen die Vögel alle nach Nordost. Sie sind also auf dem Weg in ihre Brutgebiete im nördlichen Europa. Diese Daten wurden im Frühling erhoben.

4.

Das unruhige Verhalten der Vögel bezeichnet man als Zugunruhe. Sie entspricht der Zeit der Wanderung. Die Beobachtungen zeigen, dass der Zeitpunkt dieser Zugunruhe angeboren ist. Auch die grobe Zugrichtung in südliche Richtungen ist offenbar angeboren. Die genaue Ausrichtung erfolgt über den Sonnenstand, die Sternenkonstellation oder das Magnetfeld der Erde.

10.9 Tiere sind an die Lebensbedingungen im Winter angepasst

Vergleich der Überwinterung von Eichhörnchen und Fledermaus	**3.** Abb. 1, 2, 6
Weitere Überlebensstrategien im Winter: Winterschlaf, ganzjährige Aktivität	**1., 4.** Abb. 3, 4
Überwinterung von wechselwarmen Tieren	**2.** Abb. 4, 5

1.

Das Murmeltier ist ein Winterschläfer. Seine Körpertemperatur und sein Herzschlag sind in dieser Zeit abgesenkt. Erdkröten fallen in Kältestarre, es sind wechselwarme Tiere. Kohlmeisen sind als Jahresvögel auch im Winter aktiv. Sie stellen im Winter ihre Nahrung um. Füchse sind das ganze Jahr aktiv. Sie fressen sich im Herbst eine dicke Fettschicht an. Saatgänse sind Zugvögel. Sie überwintern im relativ milden Norddeutschland.

2.

a)

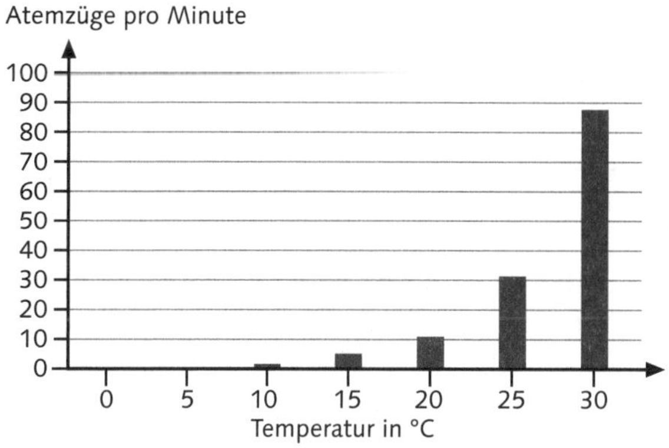

b) Der Grasfrosch ist ein wechselwarmes Tier. Mit zunehmender Temperatur steigt auch seine Körpertemperatur und damit sein Stoffwechsel. Er benötigt daher zunehmend mehr Sauerstoff, die Atmung nimmt zu.
c) Bei tiefen Temperaturen ist auch die Körpertemperatur gering. Somit ist der Stoffwechsel stark verlangsamt. Dadurch benötigt der Frosch keine Fettreserven.

3.

Beim Eichhörnchen sind Herzschläge und Körpertemperatur das ganze Jahr über nahezu gleich. Das Eichhörnchen ist bis auf vermehrte Ruhepausen während der Winterruhe immer aktiv. Das Eichhörnchen ist ein Winterruher und legt für den Winter Vorräte an.
Die Fledermaus ist ein Insektenfresser. Da es im Winter keine Insekten gibt, hält sie einen langen Winterschlaf. In dieser Zeit sind Körpertemperatur und Herzschlag stark abgesenkt.

4.

Fledermaus und Igel sind Insektenfresser, die im Winter keine Nahrung finden können. Beide sind Winterschläfer. Auch der Storch findet im Winter bei uns normalerweise nicht genug Nahrung. Er ist ein Zugvogel und überwintert in Afrika wo er ausreichend Nahrung findet. Das Eichhörnchen ist ein Winterruher. Um genügend Nahrung zu haben, legt es im Herbst Vorräte für den Winter an. Die Amsel steigt im Winter auf eine andere Nahrung um. Während sie im Sommerhalbjahr von Würmern, Raupen und Insekten lebt, frisst sie im Winter Samen und Knospen.

10.10 Frühblüher

Lichtverhältnisse am Waldboden	Abb. 4
Frühblüher nutzen die kurze Zeit des Lichtes.	**3.** Abb. 1, 4
Leben mit der Zwiebel	**1., 2.** Abb. 2, 3

1.

a) Die Zwiebel überwintert im Boden. Im Frühjahr treibt der Spross aus und eine Blüte wird gebildet. Die Zwiebel wird während dieser Zeit schmaler. Im Sommer welken die Blätter und verdorren schließlich völlig. Die Zwiebel bildet zwischen der Blüte und dem Welken der Blätter Tochterzwiebeln.

b) Entfernt man gleich nach der Blüte die Blätter, kann die Pflanze keine Nährstoffe bilden, die in der Zwiebel bzw. den Tochterzwiebeln für das nächste Austreiben gespeichert werden. Im nächsten Jahr gibt es dann keine Blüten, weil dafür nicht genügend Nährstoffe gespeichert werden konnten.

2.

a) Individuelle Lösung.

b) Normalerweise liegt die Zwiebel in der Dunkelheit in der Erde. Das Papphütchen schirmt das Licht ab, sodass in dem Versuch die Bedingungen den natürlichen gleichen.

c) Die Zwiebel wird während des Experiments schlaff und dünner, weil die Nährstoffe, die in ihr gespeichert waren, zum Austreiben verwendet wurden.

3.

Buschwindröschen und Scharbockskraut treiben bereits Anfang März oder sogar Ende Februar aus. In dieser Zeit ist aufgrund der zunehmenden Tageslänge und dem noch fehlenden Laub viel Licht auf dem Waldboden vorhanden. Die Pflanzen treiben schnell aus und blühen schon Ende März/Anfang April, bevor die Lichtintensität durch die austreibenden Blätter der Bäume stark abfällt. Mitte/Ende Mai sind die oberirdischen Pflanzenteile schon abgestorben. Die Pflanzen nutzen also das kurze Zeitfenster mit viel Licht am Waldboden zum Wachsen, Blühen und Anlegen von Reservestoffen.

10.11 Bäume und Sträucher im Herbst

Warum werfen Bäume das Laub ab?	Grundwissen
Vorgänge beim Laubfall	**1. a** Abb. 1
Blattfarbstoffe	**2.** Abb. 1 - 3
Die Rolle der Stärke	**1. b** Abb. 4, 5
Wodurch wird der Laubfall ausgelöst?	**3.**

1.

a) Abnahme der Tageslänge $\Rightarrow$ Temperatur sinkt $\Rightarrow$ Stärke wird in die Knospen, den Stamm und die Wurzel umgelagert $\Rightarrow$ Chlorophyll wird abgebaut $\Rightarrow$ Ausbildung einer Korkschicht zwischen Blatt und Zweig $\Rightarrow$ Abfallen des Blattes $\Rightarrow$ keine Verdunstung mehr

b) Im Winter ist die Stärke in den Knospen, im Stamm und in den Wurzeln gespeichert. Beim Austreiben der Blätter wird dieser Reservestoff zur

Energiegewinnung abgebaut. Im Laufe des Sommers wird Stärke in den Blättern gebildet und wieder in den Zweigen und im Stamm und den Wurzeln eingelagert.

2.
Individuelle Lösung, darin: Der gelbe Farbstoff ist schon in den grünen Blättern enthalten.

3.
Individuelle Lösung, darin z. B.:
Pflanze mit Blättern in einen dunklen Kühlschrank stellen, Pflanze in einen Raum mit regelbarer Beleuchtung aber konstanter Temperatur stellen.

M Ordnen mit einem Bestimmungsschlüssel

1.
a)
Familie Meier: b, c, l
Familie Henkel: d, e
Familie Grosser: a, h, k, m
Familie Seele: f, g, i

b) Person b: Meier Jupp (männlich, langer Hals),
Person c: Meier Grete (weiblich),
Person l: Meier Siggi (männlich, kurzer Hals)

c) Familie Grosser: a, h, k, m
a: männlich, runder Kopf
h: weiblich, länglicher Kopf
k: weiblich, runder Kopf
m: männlich, länglicher Kopf

Bestimmungsschlüssel
1a männlich 2
1b weiblich 3
2a runder Kopf .... Grosser Felix
2b länglicher Kopf .... Grosser Tim
3a runder Kopf .... Grosser Annika
3b länglicher Kopf .... Grosser Greta

2.
Die Blätter des Gilbweiderichs in Abb. 3 zeigen folgende Merkmale: quirlständige Blattstellung, ungestielter Blattansatz, netzartige Äderung, ganzrandiger Blattrand, lanzettliche Blattform.

3.
a: (geteilt, gefiedert, Ranken) *Saaterbse*
b: (ungeteilt, ungestielt, paralleladrig) Spitzwegerich
c: (geteilt, gefiedert, gesägt, Nebenblätter) *Heckenrose*
d: (ungeteilt, gestielt, gelappt, gezähmt, mit Spitze) *Spitzahorn*
e: (ungeteilt, gestielt, gebuchtet) *Stieleiche*
f: (ungeteilt, gestielt, rundlich, schwach gesägt) *Schwarzerle*
g: (geteilt, gefingert) *Rosskastanie*
h: (ungeteilt, gestielt, ganzrandig, eiförmig, mit Spitze) *Rotbuche*

B Wiederholen mit Basiskonzepten zum Thema »Angepasstheiten an den Wechsel der Jahreszeiten«

1. Vielfalt und Angepasstheit
2. Fortpflanzung
3. Stoff- und Energieumwandlung
4. Steuerung und Regelung
5. Struktur und Funktion, Vielfalt und Angepasstheit
6. Stoff- und Energieumwandlung
7. Vielfalt und Angepasstheit, Stoff- und Energieumwandlung
8. Stoff- und Energieumwandlung, Struktur und Funktion, Vielfalt und Angepasstheit

11 Bau und Funktion der Organe von Blütenpflanzen

11.1 Der Grundbauplan der Blütenpflanzen

Aufbau der Blütenpflanzen	Abb. 1 - 3

Bau und Aufgaben von Wurzeln, Sprossachse, Laubblättern und Blüten bei verschiedenen Blütenpflanzen	**1.** Grundwissen

Kraut/Staude, Strauch oder Baum?	**2.** Abb. 3

Abweichender Bau als Angepasstheit	**3.** Abb. 4 - 6

1.

	Organ	Funktion
A	Blüte	geschlechtliche Fortpflanzung, bildet Früchte und Samen
B	Stängel (Sprossachse)	stütz die anderen oberirdischen Pflanzenteile und hält die Blätter hoch, ermöglicht Wasser- und Stofftransport
C	Blütenblatt	lockt mit auffälliger Farbe Insekten an
D	Blattstiel	stützt die Blattfläche, ermöglicht Wasser- und Stofftransport
E	Laubblatt	stellt Stoffe für die Ernährung und das Wachstum der Pflanze her
F	Nebenwurzel	nimmt Wasser und Mineralsalze aus dem Boden auf
G	Hauptwurzel	verankert die Pflanze im Boden

2.

Alle drei Pflanzen haben auffällige Blüten mit Blütenblättern (rechte Spalte). Außerdem kann man bei allen drei Pflanzen Laubblätter erkennen. Es handelt sich damit um drei verschiedene Blütenpflanzen.
In der linken Spalte erkennt man, dass die obere Pflanze ein Baum ist. Die Sprossachse ist ein Stamm aus Holz. Am Stamm sind Äste und Zeige. Unten befinden sich die Hauptwurzeln, die sich in Nebenwurzeln verzweigen. Die mittlere Abbildung zeigt einen Strauch. Die Sprossachse verzweigt sich über dem Boden in viele kleine Stämme, die sich später ebenfalls verzweigen. Die Form der Äste deutet darauf hin, dass sie verholzt sind. Die untere Pflanze ist ein Kraut oder eine Staude. An der Sprossachse sitzen direkt die Laubblätter und die Blüte.

3.

Die grüne Farbe und die Form deuten darauf hin, dass es sich bei der Wasserlinse um mehrere Blätter handelt, die zusammenhängen und auf dem Wasser schwimmen. Sie bilden gewissermaßen ein kleines Floß. Bei der Venusfliegenfalle sind ebenfalls die Blätter auffällig. Sie sind zu Fanginstrumenten für Insekten umgebildet, wie der Name schon verrät. Beim Scharbockskraut sind die weißen Wurzelknollen zu sehen, die als Speicherorgane dienen.

11.2 Die Wurzel nimmt Wasser und Mineralsalze auf

Die Rolle der Wurzel bei der Verankerung	**1.** Abb. 2, 3
Die Aufnahme von Wasser geschieht über die Oberfläche der Wurzel.	Abb. 1, 5 Grundwissen
Oberflächenvergrößerung durch Verzweigung	**2.** Abb. 1, 4
Woher „weiß" die Wurzel, wohin sie wachsen soll?	**3.** Abb. 6

1.

a) Die Kiefer hat in der Mitte eine Pfahlwurzel. Sie geht senkrecht nach unten und reicht tief in den Boden. Auch die weiter seitlich ansitzenden Wurzeln biegen schon in den oberen Bodenschichten nach unten um und wachsen senkrecht in den Boden hinein. Bei der Fichte wachsen die Hauptwurzeln in den oberen Bodenschichten waagrecht nach allen Seiten und nur die Nebenwurzeln wachsen nach unten.
b) Kiefern sind mit ihren Pfahlwurzeln so tief im Boden verankert, dass bei einem Sturm die Wurzeln nicht aus dem Boden gerissen werden können. Wenn die Kräfte des Sturms sehr stark auf die Krone wirken, bricht der Stamm an seiner schwächsten Stelle. Bei der Fichte reichen die Wurzeln nicht so tief in den Boden. Fichten sind daher nicht so stark im Boden verankert und beim Sturm werden eher die Wurzeln aus dem Boden gerissen als dass der Stamm bricht.

2.

a)
a: 16x4 + 2 = 66 Die Oberfläche beträgt 66 cm².
b: 16x2 + 2x8 + 2x7 + 3 + 1 = 32 + 16 + 14 + 4 = 66
Die Oberfläche beträgt 66 cm².
c: 16x2 + 4x4 = 32 + 16 = 48
Die Oberfläche beträgt 48 cm².
d: 16x2 + 2x8 + 2x2 = 32 + 16 + 4 = 52
Die Oberfläche beträgt 52 cm².
b) Je weniger verzweigt der Körper ist, um so geringer ist seine Oberfläche. Ausnahme: Der unverzweigte Körper a hat die gleiche Oberfläche wie der verzweigte Körper b.
c) Je größer die Oberfläche ist, um so besser kann die Pflanze Wasser und Mineralsalze aufnehmen. Die Modelle a und b erfüllen diese Bedingung. Bei a hätte die Pflanze nur sehr dünne und ganz lange Wurzelhaare, die leicht abreißen könnten und die möglicherweise für die fruchtbare nicht so tiefe Humusschicht zu lang wären. Modell b bietet die gleiche Oberfläche bei besserer Verankerung und kürzerer Wurzellänge.

3.

Individuelle Lösung, darin z. B.: Stängel und Blätter wachsen nach oben, Wurzeln nach unten.
Als Hypothesen kommen in Frage: Die Wurzeln richten sich nach der Schwerkraft. Die Wurzeln richten sich nach der Feuchtigkeit. Da es im Boden schon direkt unter der Oberfläche ganz dunkel ist, scheidet Licht als Einfluss aus. Wurzeln würden dann in alle Richtungen wachsen.
Versuchsvariante zum Einfluss der Schwerkraft: Sobald die Wurzeln ein Stück gewachsen sind, dreht man den Objektträger, sodass die Wurzeln nach oben zeigen. Wenn ihr Wachstum von der Schwerkraft abhängt, sollte das weitere Wurzelwachstum wieder nach unten erfolgen, also ein Knick in den Wurzeln entstehen.
Versuchsvariante zum Einfluss der Feuchtigkeit: Die Feuchtigkeit muss aus einer anderen Richtung z. B. von oben zu den Kressesamen kommt. Dazu kann man z. B. den Objektträger mir den vorgekeimten Kressesamen umgekehrt in ein trockenes Becherglas stellen. Über die Oberkante des Objektträgers wird ein feuchtes Filterpapier fest auf das vorhandene Filterpapier gelegt und mit dem anderen Ende in ein kleines Gefäß mit Wasser gehängt, das mit in das Becherglas gestellt wird.
Ergebnis: Die Wurzeln wachsen nach unten und nicht der Feuchtigkeit im Filterpapier entgegen. Sie richten sich also nach der Schwerkraft.

M Modelle zur Oberflächenvergrößerung

1.

Abb. 1A/C: Von der äußeren Form her sind Ähnlichkeiten vorhanden. In beiden Fällen sieht man ein balkenförmiges Gebilde ohne Verzweigungen. Allerdings ist der Wurzelabschnitt am Ende gerundet und besteht offenbar aus vielen kleinen Einheiten. Das Modell zeigt keine Rundung und ist nur aus 16 Würfeln aufgebaut. *Abb. 1B/D:* Das Modell zeigt eine durchgängige „Achse", von der Verzweigungen ausgehen. Das entspricht in etwa dem Wurzelabschnitt mit Wurzelhaaren. Die „Achse" des Models entspricht der Wurzel, die Verzweigungen entsprechen den Wurzelhaaren. Allerdings ist das Modell auch hier viel einfacher gebaut als die Wurzel mit ihren vielen Wurzelhaaren.

2.

1c: 16x2 + 2x8 + 2x2 = 32 + 16 + 4 = 52
Die Oberfläche beträgt 52 cm^2.

1d: 16x2 + 2x8 + 2x7 + 3 + 1 = 32 + 16 + 14 + 4 = 66
Die Oberfläche beträgt 66 cm^2.

3.

Durch die Verzweigung (Stamm – Äste – Zweige – Blätter) hat die Buche sehr viele Blätter mit einer insgesamt sehr großen Oberfläche aller Blätter, die viel größer ist als die beschattete Bodenfläche. Die Buche kann deshalb viel Licht aufnehmen.

4.

Der Verbrennungsvorgang findet immer nur an der Oberfläche der Holzstücke statt. Bei den Spänen ist die Gesamtoberfläche viel größer als bei einem großen Stück Holz. Die Späne verbrennen deshalb schneller und erzeugen dabei mehr Hitze in der gleichen Zeit.

11.3 Die Sprossachse hat Transportaufgaben

Die Stabilität der Sprossachse	Abb. 2, 3, 5 Grundwissen
Leitungsbahnen in der Sprossachse	Abb. 2
Bestimmung der Leitungs- geschwindigkeit	**2.** Abb. 4
Lebenslauf einer Fichte	**1.** Abb. 5

1.

Die Fichte ist etwa 16 Jahre alt geworden. In guten Jahren sind die Jahresringe breiter, weil der Baum eine dickere Holzschicht anlegen kann. In schlechten Jahren, z. B. bei Trockenheit, sind die Jahresringe entsprechend schmaler. In den ersten fünf Jahren hat die Fichte gute Bedingungen, die Jahresringe sind sehr breit. In den beiden folgenden Jahren waren die Bedingungen ungünstig, wahrscheinlich, weil die Bäume zu eng standen. Nach dem ersten Ausschlagen der schwächeren Bäume geht es der Fichte wieder für ein Jahr besser. Dann folgt wieder ein schlechtes Jahr, nach dem zweiten Ausschlagen wieder ein gutes Jahr. Die beiden folgenden Jahre sind wieder nicht so gut. Wahrscheinlich kann durch den Schotterweg von den Wurzeln nicht mehr so viel Wasser aufgenommen werden. Es folgen drei gute Jahre, in denen es offensichtlich viel geregnet hat. Im folgenden Jahr regnet es kaum und der Weg wird ausgebaut. Dadurch erhalten die Wurzeln kaum noch Wasser und die Fichte stirbt im darauffolgenden Jahr.

2.
Stellt man ein fleißiges Lieschen mit abgeschnittenen Wurzeln in ein Glas mit gefärbtem Wasser, kann man erkennen, wie die Farbe (das gefärbte Wasser) nach oben steigt. Man muss nun zu einem Zeitpunkt diesen Stand markieren und nach einiger Zeit wieder messen. Die zurückgelegte Strecke teilt man durch die verstrichene Zeit. So erhält man die Steiggeschwindigkeit.

11.4 Der Grashalm als Modell: leicht, schlank, stabil

Der Grashalm ist schlank und sehr stabil.	Abb. 1 Grundwissen
Vergleich Grashalm - Fernsehturm	**1.** Abb. 1
Stabilitätselement Knoten im Experiment	**3.** Abb. 4
Quantitativer Vergleich: Schlankheitsgrade	**2.** Abb. 2
Der Ackerschachtelhalm und das Taipei 101	**4.** Abb. 3

1.

Grashalm	Fernsehturm
schlank und hoch gebaut	schlank und hoch gebaut
röhrenartige Konstruktion des Halmes	röhrenartige Konstruktion des Turmes
Knoten zur Festigung	Zwischenböden zur Festigung
schwerer Blütenstand/ Fruchtstand	schwere Kugel mit Cafe und Panoramaetage
Wurzeln zur Verankerung	Fundament zur Verankerung

2.
a) Schlankheitsgrad
Heinrich-Hertz-Turm 6,6
Fernsehturm Berlin 11,5
Rheinturm Düsseldorf 6,9
Olympiaturm München 17,6
Fernsehturm Stuttgart 20,1
Roggenpflanze 400,0

b) Individuelle Lösung.

3.
a) Die Grashalmstücke ohne Knoten knicken leichter als die mit Knoten.

b) Individuelle Lösung, z. B.:
Schneide verschiedene Grashalme auf die gleiche Länge. Binde an das obere Ende ein kleines Gewicht. Schiebe nun das obere Ende mit dem Gewicht über eine Tischkante. Messe die Strecke, die über die Kante herausragte, wenn der Grashalm abknickt. Verfahre mit dem gleichen Gewicht mit den anderen Halmen.

4.
Beim Schachtelhalm steckt immer ein „Stockwerk" in dem darunterliegenden. Durch die Gliederung in Stockwerke ist die äußere Hülle nicht so starr, sondern biegsamer. So wird eine hohe Stabilität bei großer Elastizität erreicht. Das gleiche Prinzip wird beim Taipei-Hochhaus verwendet. Ein Stockwerk „steckt" mit seiner schmaleren Unterseite noch im darunterliegenden Stockwerk. Auch hier erhält man eine große Stabilität und Elastizität, was z. B. bei starkem Wind von Vorteil ist.

11.5 Blätter geben Wasser ab und nehmen Licht auf

Blätter stellen in der Fotosynthese Traubenzucker her. Für die Fotosynthese werden Licht und Kohlenstoffdioxid benötigt, Sauerstoff wird abgegeben. Wasser und Mineralstoffe werden von den Wurzeln aufgenommen und über Leitungsbahnen in dem Blatt verteilt.	Grundwissen
Wasserleitungsbahnen der Blätter	**1.** Abb. 3
Kohlenstoffdioxid wird über Spaltöffnungen aufgenommen. Dabei wird Wasser verdunstet.	Abb. 2, 4, 5, 7, 8
Wasseraufnahme und Wasserabgabe	**2.** Abb. 6

1.

Individuelle Lösung, z. B. Abpausen des Blattes in Abb. 3.

2.

Tagsüber sind die Spaltöffnungen geöffnet und es kann viel Transpiration stattfinden. Dabei ist die Transpiration umso größer, je wärmer es im Tagesverlauf ist. Tagsüber ist die Transpiration etwas höher als die Wasseraufnahme. Nachts findet kaum Transpiration statt. Jetzt ist die Wasseraufnahme etwas höher, sodass über den ganzen Tag Wasserabgabe und Wasseraufnahme ausgeglichen sind.

Wenn der Boden sehr trocken ist, kann die Pflanze nicht viel Wasser aufnehmen. Am Tag ist die Transpiration trotzdem hoch. Es entsteht ein Wassermangel, der auch in der Nacht nicht ausgeblichen werden kann. Die Pflanze wird welken. Das Diagramm würde bei Trockenheit etwa so aussehen:

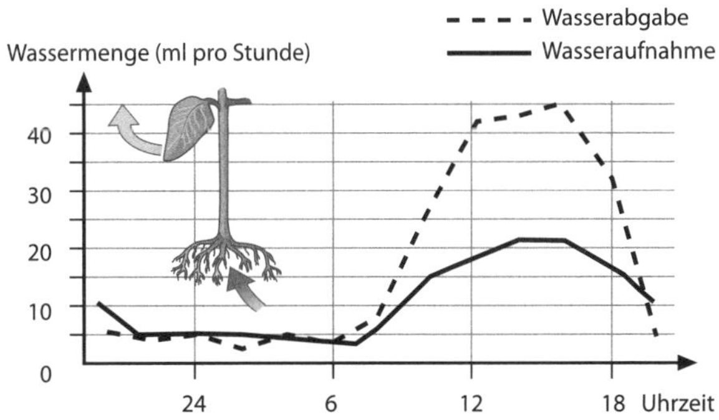

Wenn es heiß ist, ist die Transpiration am Tag besonders hoch. Sie ist höher als die Wasseraufnahme, weil die Wurzeln so schnell nicht genügend Wasser nachliefern können. Dafür wird nachts mehr Wasser aufgenommen. Das Diagramm würde bei Hitze mit ausreichender Feuchtigkeit etwa so aussehen:

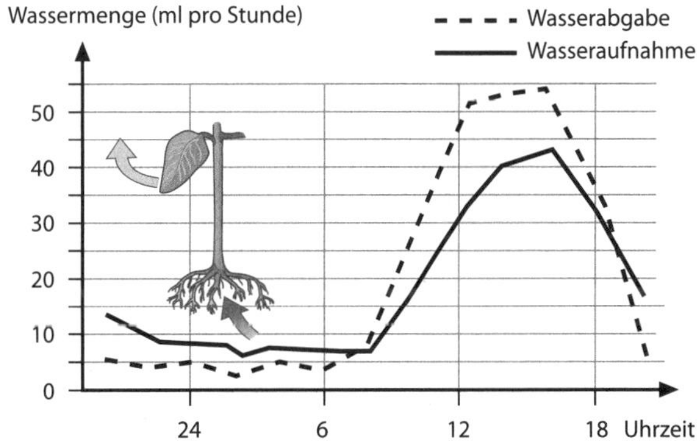

11.6 Zusammenwirken der Organe bei der Pflanze

Die Organe der Pflanze wirken zusammen.	**1., 2.** Abb. 1, 2
Pflanzen mit besonderen Angepasstheiten erfinden	**3.** Abb. 4
Anzahl der Spaltöffnungen - eine Angepasstheit?	**4.** Abb. 3

1.

a) Beim Wasserhaushalt wirken in der Pflanze verschiedene Organe zusammen. Die Wurzeln nehmen das Wasser aus dem Boden auf. Die Leitungsbahnen in Wurzel, Sprossachse und Blättern leiten das Wasser und verteilen es mit den Mineralsalzen in der Pflanze. In den Blättern wird das Wasser durch die Spaltöffnungen wieder abgegeben. Der Traubenzucker wird in den Blättern gebildet. Durch die Leitungsbahnen wird er zu allen Organen in der Pflanze geleitet und verteilt.

b) Die Wurzel setzt sich aus Haupt- und Nebenwurzeln zusammen. Diese sind sehr stark verzweigt, sodass sie eine große Oberfläche zur Aufnahme von Wasser und Mineralsalzen besitzen. Auch die Blätter haben eine große Oberfläche, um viel Licht aufnehmen zu können. Damit Wasser und Mineralsalze überall im Blatt ankommen, sind Blattadern vorhanden. Die Spaltöffnungen auf der Blattunterseite nehmen das Kohlenstoffdioxid für die Fotosynthese auf und geben Wasser und Sauerstoff ab.

c)
1 ⇒ S
2 ⇒ Y
3 ⇒ S
4 ⇒ T
5 ⇒ E
6 ⇒ M
Das Lösungswort heißt „SYSTEM“.

2.

Ein System besteht aus mehreren Teilen, die zusammenwirken. Dies ist bei der Pflanze der Fall. Zum Beispiel nehmen die Wurzeln Wasser und Mineralsalze auf, Leitungsbahnen verteilen diese Stoffe in der Pflanze. In den Blättern wird Traubenzucker gebildet, der überall in der Pflanze benötigt wird. Auch der Traubenzucker wird durch Leitungsbahnen in der Pflanze verteilt. Wurzeln verankern die Pflanze im Boden, der Stängel sorgt dafür, dass die Blätter genügend Licht sammeln können.

3.

a) Individuelle Lösung, darin z. B.:
Oberes Bild: Es sind keine Wurzeln zu sehen. Selbst wenn die Pflanze Wurzeln hätte, wäre es sinnlos, dass sie Wasser aufnehmen und die Pflanze beregnen, statt das Wasser in die Blätter zu leiten.
Mittleres Bild: Die Pflanze ist unter Wasser, wo sie wenig Licht hat. Eine bunte Blüte ist unter Wasser nicht sinnvoll, da dort keine Bestäubung durch Insekten stattfindet. Die Funktion der beiden Gebilde, die aus dem Wasser ragen, ist unklar – vielleicht sollen es Atemrohre sein, über die Kohlenstoffdioxid aufgenommen werden kann.
Unteres Bild: Die Pflanze hat keine Wurzeln und kann so kein Wasser und keine Mineralsalze aufnehmen.
b) Individuelle Lösung.
c) Individuelle Lösung.

4.

Wasserspeichernde Wüstenpflanzen dürfen nur wenig Wasser verdunsten, damit sie mit dem Wasser lange auskommen können. Deshalb haben sie nur wenige Spaltöffnungen, um nur wenig Wasser zu verdunsten. Wüstenpflanzen, die kein Wasser speichern, müssen in der kurzen Zeit, in der Wasser vorhanden ist, viel Kohlenstoffdioxid zur Produktion von Traubenzucker aufnehmen. Dazu benötigen sie viele Spaltöffnungen. Schattenpflanzen haben wenig Licht zur Fotosynthese. Sie benötigen deshalb nur wenig Kohlenstoffdioxid und damit nur wenige Spaltöffnungen, um es aufzunehmen.

12 Fortpflanzung und Entwicklung bei Blütenpflanzen

12.1 Blüten und ihr Aufbau

Aufbau einer Blüte	Abb. 1, 2
Aufgaben der Blütenbestandteile	**1.**
Legebild und Blütendiagramm	**3.** Abb. 3 - 5
Der Aufbau von Blüten zeigt Verwandtschaft.	**2.** Abb. 3 - 5

1.

Blütenteil	Aufgaben
Blütenstiel	trägt die Blüte
Blütenboden	bildet die Unterlage für die Blütenteile
Kelchblätter	schützen die inneren Blütenteile vor dem Aufblühen
Kronblätter	locken Insekten an
Nektardrüsen	bilden zuckerhaltigen Nektar
Staubblätter	enthalten die Pollenkörner
Pollenkörner	enthalten Spermazellen (vergl. 12.2)
Fruchtblätter (Stempel)	enthalten die Samenanlage
Samenanlage	aus ihr entwickelt sich nach der Befruchtung der Eizelle der Samen

2.

Apfel:

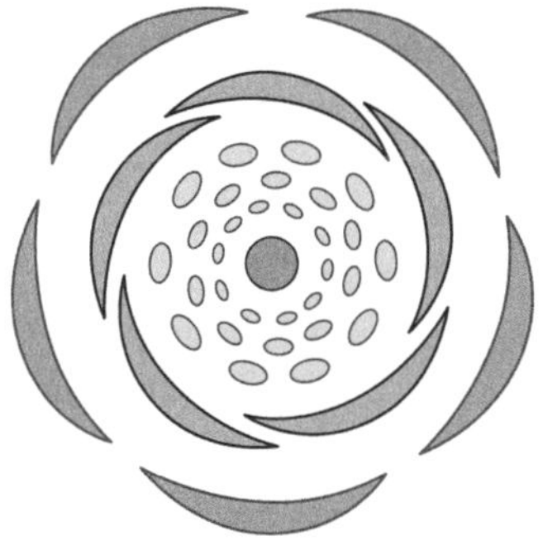

Wiesenschaumkraut:

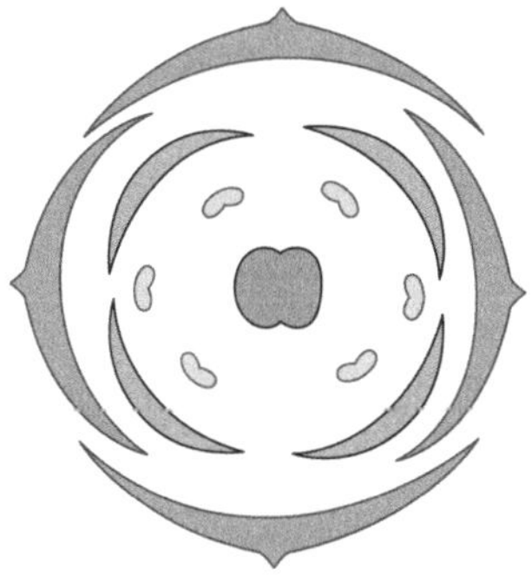

Die Blüten von Wiesenschaumkraut und Raps sind gleich aufgebaut. Die beiden Pflanzen sind offenbar miteinander verwandt. Das gilt auch für Kirsche und Apfel, deren Blüten sehr ähnlich aufgebaut sind.

3.

Legebild des Wiesenschaumkrauts:

Blütendiagramm des Wiesenschaumkrauts:
s. Aufg. 2.

M Arbeiten mit digitalen Unterrichtsmedien

1.

Individuelle Lösung, darin z. B.:
Positiv: Der Gesamteindruck von der Pflanze ist gut getroffen. Die Genügsamkeit der Pflanze wird deutlich, denn dieses Exemplar wächst zwischen Mauer und Asphalt. Blüten- und Blattform sind erkennbar.
Negativ: Der Blütenaufbau wird nicht deutlich, die Blattform könnte deutlicher sein.
Insgesamt ist die Abbildung geeignet.

12.2 Bestäubung, Befruchtung, Samenbildung

Im Samen befindet sich der Embryo.	**1.** Abb. 1
Bestäubung und Befruchtung	Abb. 2
Vergleich: windblütige und insektenblütige Pflanzen	**2.** Abb. 3
Bienen als wichtige Bestäuber	**3., 4.** Abb. 4

1.

Aufblühen der Kirschblüte ⇒ Besuch durch ein Insekt ⇒ Transport von Pollenkörnern durch das Insekt zu einer anderen Blüte ⇒ Pollenkorn gelangt auf die Narbe ⇒ Pollenschlauch wächst durch den Griffel zur Samenanlage im Fruchtknoten ⇒ Spermazellen gelangen zur Eizelle ⇒ Befruchtung ⇒ in der Samenanlage wächst der Samen ⇒ im Innern des Samens entwickelt sich der Embryo.

2.

Individuelle Lösung, z. B.:

	Windblütige Pflanzen	Insektenblütige Pflanzen
Blüten	unscheinbar meist nicht zwittrig ohne Duft	meist farbig meist zwittrig oft duftend
Nektar	nein	ja
Pollenkörner	sehr viele glatt dem Wind ausgesetzt	nicht so viele klebrig
Narben	sehr groß	kleiner
Bestäubung	durch den Wind	durch Insekten

3.

a) Individuelle Lösung, z. B.:
Für eine gute Kirschenernte müssen viele Bedingungen erfüllt sein. Der Kirschbaum gedeiht nur, wenn er über den Boden genügend Mineralsalze und Wasser erhält. Zum Wachsen und zum Ausbilden von Früchten müssen die Blätter viel Licht haben. Eine Bestäubung der Blüten kann nur erfolgen, wenn sich in der Nähe andere blühende Kirschbäume befinden, weil bei der Kirsche Fremdbestäubung vorliegt. Zur Bestäubung sind Insekten, in der Regel Bienen, notwendig. Die Witterung entscheidet mit, wie viele Blüten ausgebildet werden und ob Insekten in der maßgeblichen Zeit fliegen können um die Blüten zu bestäuben. Witterungsereignisse beeinflussen das Wachsen und Reifen der Kirsche. Darüber hinaus können Schadinsekten eine gute Ernte verhindern.

b) Die meisten Pflanzen im Obst- und Gartenbau werden von Insekten bestäubt. Ohne ausreichende Zahl dieser Insekten können also nur wenige oder gar keine Früchte ausgebildet werden. Den Insekten kommt damit eine überragende Rolle für die Obst- und Gemüsegewinnung zu.

4.
Individuelle Lösung, darin z. B.: Blüten produzieren Nektar, der den Bienen als Nahrung dient. Bienen fliegen viele Blüten unterschiedlicher Pflanzen an und bestäuben sie dabei. Ohne die Bestäubung können sich Pflanzen nicht fortpflanzen und vermehren. Bienen sorgen so für eine biologische Vielfalt an Pflanzen und damit auch für die Nahrungsgrundlage vieler Tiere.

12.3 Blüten und Insekten

Pflanze und Insekt: Eine Beziehung mit Vorteilen für beide.	**1.**
Rüssellänge und Blütenbau	**1., 2.** Abb. 1 - 4
Blütenstetes Verhalten	**3.**

1.
Blütenbesuchende Insekten finden in den Blüten Nektar und Pollen zur Ernährung. Der Nektar ist der Anreiz, damit die Insekten die Blüten aufsuchen. Dabei transportieren die Insekten Pollenkörner von einer Pflanze zur anderen und bestäuben dabei die Blüten. Auf diese Weise können sich die Pflanzen fortpflanzen und vermehren.

2.
a)

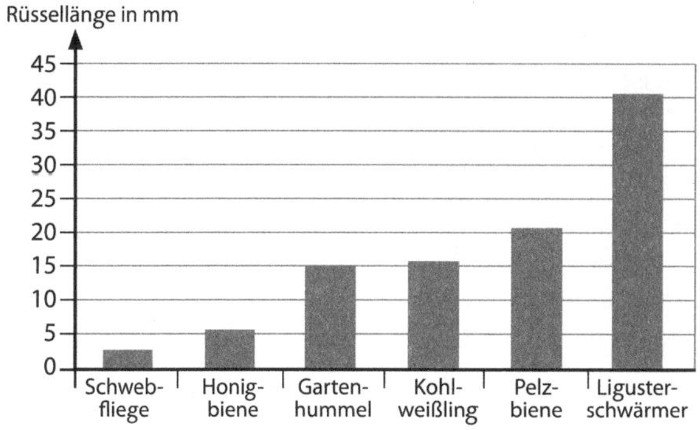

b)

Blütentyp	Insekten
A	Pelzbiene, Ligusterschwärmer
B	Honigbiene, Kohlweißling, Gartenhummel, Pelzbiene, Ligusterschwärmer
C	Schwebfliege, Honigbiene, Kohlweißling, Gartenhummel, Pelzbiene, Ligusterschwärmer

Insekten mit kurzem Rüssel können nur in Blüten ohne Kronröhre an Nektar gelangen. Insekten mit etwas längerem Rüssel können zusätzlich auch in Blüten mit einer kurzen Kronröhre Nektar aufnehmen. Nur Insekten mit sehr langem Rüssel können auch in Blüten mit sehr langer Kronröhre an den Nektar gelangen.
c) Blüten vom Typ C können von allen Insekten besucht werden. Infolge dessen ist die Konkurrenz unter den Insekten groß. Die Wahrscheinlichkeit Nektar zu finden ist also klein, weil die Blüten häufig besucht werden und der Nektarvorrat ständig geleert wird. Blüten vom Typ A werden nur von Insekten mit langem Rüssel besucht, da andere Insekten nicht zum Nektar gelangen können. Die Wahrscheinlichkeit Nektar zu finden ist daher für die Schmetterlinge viel größer. Deshalb fliegen sie nur diese Blüten an.

3.
Die Pflanze hat durch blütenstetes Verhalten der Insekten nur Vorteile: Die Wahrscheinlichkeit einer erfolgreichen Bestäubung ist hoch, da die Biene nur Blüten der selben Pflanzenart besucht. Für die Biene ist es ein Vorteil, wenn sie an einem Tag immer denselben „bekannten" Blütentyp aufsucht, der zurzeit

ausreichend Nektar verspricht. So kann sie wahrscheinlich pro Zeiteinheit mehr Nektar sammeln als wenn sie verschiedenste Blüten durcheinander besucht. Ein Nachteil könnte darin liegen, dass eine Biene so eine Blüte „verpasst", die möglicherweise mehr Nektar zu bieten hätte.

12.4 Von der Blüte zur Frucht

Früchte sind unterschiedlich aufgebaut.	**1., 3.** Abb. 1, 2, 3, 5
Früchte und Samen in der Ernährung des Menschen	**2.**
Die „Verpackung" von Samen	**4.** Abb. 2-6

1.

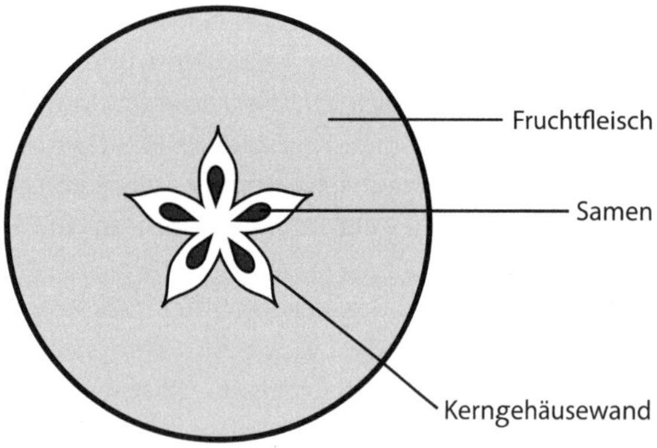

2.
Individuelle Lösung, z. B.:
Weizen, Roggen, Mais, Reis, Apfel, Birne, Bohne, Erbse, Kirsche, Erdbeere...

3.
a)
1 ⇒ b Haselnuss: Nuss, Fruchtschale trocken und hart, ein Same
2 ⇒ c Stachelbeere: Beere, Fruchtschale weich, viele Samen
3 ⇒ e Erdbeere: Sammel-Nussfrucht, kleine Samen wie Nüsse auf dem Blütenboden
4 ⇒ d Pfirsich: Steinfrucht, außen fleischig, innen hart, ein Same
5 ⇒ a Himbeere: Sammel-Steinfrucht, kleine Steinfrüchte sitzen auf dem Blütenboden

b)
Gurke: Beere
Pflaume: Steinfrucht
Eichel: Nuss
Brombeere: Sammel-Steinfrucht
Hagebutte: Beere
Buchecker: Nuss
Banane: Beere
Kiwi: Beere

c) Bei der gesamten Frucht der Walnuss befindet sich außen die grüne Fruchtschale mit dem Fruchtfleisch. Innen liegt dann der Samen, die eigentliche „Nuss".

4.

Bananen-Verpackung	Pralinenschachtel
stabil, fest, mit Inhalt verbunden	mehr oder weniger fest, Inhalt ist lose
Sollbruchstelle, an der sie leicht zu öffnen ist	meist vorgefertigte Öffnungsstellen
Schutz gegen Fruchtfresser	Schutz, z. B. gegen Aromaverlust und das Eindringen von Schädlingen
im unreifen Zustand gut getarnt (grün); im reifen Zustand gelb zur Anlockung von Tieren	auffällig gestaltet zum Anlocken von Käufern
vollständig biologisch abbaubar	oft nicht vollständig biologisch abbaubar

M Bewerten am Beispiel verschiedener Apfelsorten

1.

a) Individuelle Lösung, z. B.:

Braeburn, Boskop, Elstar. Begründung:

- Bei diesen drei Sorten werden keine Pestizide beim Anbau eingesetzt.
- Mit Boskop steht eine günstige Apfelsorte zur Auswahl.
- Die verschiedenen Sorten decken unterschiedliche Geschmacksrichtungen ab (süßlich, süßsäuerlich, feinsäuerlich).
- Keine der Sorten wurde außerhalb Europas angebaut, sodass keine unnötig langen Transportwege entstehen (CO_2-Freisetzung), Boskop und Elstar stammen sogar aus der Region.

b) Individuelle Lösung

c) Es gibt verschiedene Meinungen zur Priorität der verschiedenen Entscheidungskriterien (z. B. Preis, Herkunft, Vitamingehalt oder Geschmack). Es können Argumente gesammelt werden, warum welchen Kriterien beim Verkauf von Äpfeln an der Schule eine hohe Bedeutung eingeräumt werden sollte. Durch Abstimmung kann eine „Durchschnittsmeinung“ ermittelt werden, die evtl. auch der der Schülerschaft der Schule entspricht.

2.

Individuelle Lösung, z. B. die Frage, ob das Aussehen am wichtigsten ist, damit die Äpfel überhaupt gekauft werden. Oder ob ökologische Argumente im Vordergrund stehen sollen. Siehe auch Aufg. 1c.

12.5 Ausbreitung von Samen und Früchten

Samen müssen verbreitet werden.	Grundwissen
Verbreitungsmechanismen	**1., 3., 4.** Abb. 1-3
Modellversuch	**2.** Abb. 3
Natur als Vorbild	**5.** Abb. 1b, 4, 5

1.

Löwenzahn: Verbreitung durch Wind. Die Samen sind leicht und hängen an „Fallschirmen“. So können sie mit dem Wind über große Entfernungen verbreitet werden.

Große Klette: Verbreitung durch Tiere. Die Klettfrüchte bleiben im Fell von Tieren haften und werden so verbreitet.

Ahorn: Verbreitung durch Wind. Der Samen ist mit „Propellerflügeln“ versehen. Im Wind drehen sich die Samen und sinken daher nur langsam zu Boden. Dadurch wird die zurückgelegte Strecke größer.

Froschlöffel: Verbreitung durch Wasser. Die Früchte enthalten Luftkammern im Gewebe. Dadurch schwimmen die Früchte und werden durch Wind oder Strömung an der Wasseroberfläche transportiert.

2.

Individuelle Lösung, darin z.B. Vergleich zu Flügelgröße, Gewichtsverteilung, Anordnung der Flügel ...

3.

Individuelle Lösung, z. B.: Aufbringen des Schmutzes auf einen sterilen Nährboden und Kontrolle, ob da Keimung zu beobachten ist.

4.

Es handelt sich um den Breitwegerich. Die Pflanze wurde von Indianern so genannt, weil sie in Amerika entlang der Siedlertreckwege durch Wagen und Tiere der Siedler verbreitet wurde.

Steckbrief: Individuelle Lösung, z. B.:

Mehrjährige Pflanze, 5–30 cm hoch, Blüte klein, Blätter eiförmig länglich, ganzrandig, Blätter rosettenartig angeordnet, Blütenzeit Juli – September, Samen klebrig.

5.

Klettverschluss	Klettfrucht
ein Teil mit Widerhaken	Fortsätze mit Widerhaken
flauschiges Teil als Gegenstück	flauschiges Fell als Gegenstück
besteht aus Kunststoff	besteht aus pflanzlichen Baustoffen

Salzstreuer	Mohnkapsel
kleine Öffnungen an der Oberseite zum Austritt der Salzkörner	kleine Öffnungen seitlich oben zum Austritt der Samen
kann aus unterschiedlichen Materialien bestehen	besteht aus pflanzlichen Baustoffen

12.6 Keimung und Wachstum

Experiment zur Quellung	**1.**	Abb. 1, 2, 5
Experiment zur Keimung		Abb. 3, 5
Einfluss der Temperatur auf die Keimung	**2.**	Abb. 4
Wachstum der Gartenbohne	**3.**	

1.
Die Feuerbohne nimmt Wasser auf. Dadurch nimmt das Volumen zu. Man nennt den Vorgang Quellung. Die Quellung bewirkt, dass die Nährstoffe im Samen für den Keimling nutzbar werden.

2.
Die vier Samen haben eine unterschiedliche Mindestkeimtemperatur. Bei niedrigeren Temperaturen keimen sie nicht. Für alle Samen gilt, dass die Zeit bis zur erfolgten Keimung um so kürzer ist, je wärmer der Boden ist. Die Tomate ist dabei besonders wärmeliebend. Bei 5 °C und 7 °C keimt sie gar nicht.

3.
Individuelle Lösung, z. B.:
Beobachtung A:
Frage: Wächst die Sprossachse immer nach oben?
Hypothese: Die Sprossachse wächst nach oben, wenn das Licht von oben kommt.
Experiment: Pflanzen in einem abgedunkelten Raum von oben bzw. von der Seite mit einer Lampe beleuchten.
Beobachtung B:
Frage: Wächst die Pflanze immer an einem Stock nach oben, wenn man ihn neben der Pflanze einsteckt?
Hypothese: Die Pflanze wächst entlang des Stockes, weil er ihr Halt gibt.
Experiment: Neben Pflanzen Stöcke senkrecht bzw. schräg einstecken, Beleuchtung in beiden Fällen von oben.

M Versuche durchführen und protokollieren

1.

a)

	Schale					
Umwelteinfluss	1	2	3	4	5	6
Wasser	+	-	+	+	+	+
Licht	+	+	-	+	+	+
Luft	+	+	+	-	+	+
Wärme	+	+	+	+	-	+
Erde	+	+	+	+	+	-
Keimung	+	-	+	-	-	+

Aus dem Versuchsergebnis kann man schließen, dass Wasser, Luft und Wärme für die Keimung erforderlich sind. In den Schalen 2–6 fehlt jeweils ein Einfluss im Vergleich zur Schale 1, die allen Einflüssen ausgesetzt ist, und in der es zur Keimung kommt. In den Schalen 2, 4 und 5 bleibt die Keimung aus, woraus geschlossen werden kann, dass der jeweils fehlende Einfluss zur Keimung notwendig ist (Wasser, Luft, Wärme). Die in den Schalen 3 und 6 fehlenden Einflüsse (Licht und Erde) sind offensichtlich für die Keimung nicht notwendig.

b) Die Kresse in Schale 1 wird auch in den weiteren Wochen gut weiter wachsen. Die Kresse in Schale 3 wird nicht mehr weiter wachsen können, da ihr Licht fehlt, um mithilfe von Fotosynthese energiereiche Nährstoffe aufzubauen, die sie zum Leben braucht. Anfangs ist dies noch nicht erforderlich, da im Samen die notwendigen Nährstoffe für die Keimung und das erste Wachstum gespeichert sind. Auch die Kresse in Schale 6 wird nicht weiter wachsen, da hier Erde fehlt, die Nährsalze enthält. Auch hier sind die notwendigen Stoffe für die Keimung noch im Samen enthalten und erst nach einiger Zeit aufgebraucht. Für das weitere Wachstum der Kresse sind also neben den oben genannten Faktoren auch Erde und Licht notwendig.

2.

Der Kontrollversuch beinhaltet alle Bedingungen, die in den anderen Schalen variiert werden. Er ist gewissermaßen der Maßstab für die Keimung in den anderen Schalen. Würde in Schale 1 keine Keimung erfolgen, wäre das Experiment sinnlos. Es würde nämlich bedeuten, dass bei allen erfüllten Bedingungen Keimung nicht möglich wäre.

3.

Individuelle Lösung, z. B.:

Es werden zwei Versuchsreihen gestartet. In der einen Reihe gießt Claudia die Kressesamen. In der anderen Reihe muss das Gießen mit der gleichen Wassermenge über eine automatische Vorrichtung erfolgen.

12.7 Vermehrung durch Ausläufer, Ableger und Stecklinge

Formen der ungeschlechtlichen Fortpflanzung	Abb. 1, 3
Vorteile der ungeschlechtlichen Fortpflanzung	**2.** Abb. 2
Experiment zur ungeschlechtlichen Fortpflanzung	**1.**
Das Ausläufer-Spiel	**3., 4.** Abb. 4

1.
Individuelle Lösung.

2.
Aus der gepflanzten Kartoffel entsteht eine neue Pflanze. Dazu muss man nicht erst die Blüte und die Samenbildung abwarten. Außerdem hat die neue Pflanze die gleichen Eigenschaften wie die Mutterpflanze. Es ist also die gleiche Qualität zu erwarten.

3.
Individuelle Lösung.

4.
Die unterschiedlichen Farben symbolisieren die verschiedenen Pflanzen. Ausläufer entstehen nur an bestimmten Stellen der Pflanze, im Spiel sind das die Kreuzungspunkte. Wie bei der Pflanze wachsen die Ausläufer im Spiel von der Mutterpflanze weg. Die Anzahl der Felder einer Farbe symbolisiert die Größe der Pflanze.

12.8 Getreide – wichtige Nutzpflanzen

Von wo stammen unsere Nutzpflanzen?	**1. a** Abb. 1
Getreidepflanzen wurden weltweit verbreitet.	**1. b** Abb. 1
Die Menschheit hat stark zugenommen.	**2.** Abb. 2
Ernährungssituation der Menschheit	**3., 4.** Abb. 3, 4

1.
a)

Herkunftsgebiet	Nutzpflanze	Getreidepflanze
Nordamerika	Sonnenblume	nein
Mittelamerika	Mais	ja
	Tomate	nein
	Baumwolle	nein
	Bohne	nein
Südamerikanisches Hochland	Kartoffel	nein
	Erdnuss	nein
	Bohne	nein
	Baumwolle	nein
Südamerikanische Niederung	Tomate	nein
	Tabak	nein
	Kakao	nein

Herkunftsgebiet	Nutzpflanze	Getreidepflanze
Europa	Hafer	ja
	Zuckerrübe	nein
	Kohl	nein
Afrika	Afrikan. Reis	ja
	Hirse	ja
	Kaffee	nein
	Weizen	ja
Naher Osten	Weizen	ja
	Gerste	ja
	Erbse	nein
	Linse	nein
	Apfel	nein
	Birne	nein
	Zwiebel	nein
Zentralasien	Hirse	ja
	Buchweizen	nein
	Möhren	nein
Indien	Erbse	nein
	Zuckerrohr	nein
Südostasien	Reis	ja
	Banane	nein
	Zitrusfrüchte	nein
	Zuckerrohr	nein
	Tee	nein
China	Sojabohne	nein
	Kohl	nein
	Zwiebel	nein
Südpazifik	Zuckerrohr	nein
	Kokosnuss	nein

b)
Reis: Ursprung Südostasien, Afrika / Anbau in Indien, Südostasien, China, Nordamerika, Südamerika
Weizen: Ursprung Afrika, naher Osten / Anbau in Nordamerika, Südamerika, Europa, Südasien, China, Australien
Mais: Ursprung Mittelamerika / Anbau in Nordamerika, Südamerika, Europa, Indien, China
Hirse: Ursprung Afrika, Zentralasien / Anbau in Nordamerika, Südamerika, Afrika, Indien, Australien
Alle Getreidesorten haben sich weltweit durch den Einfluss des Menschen ausgebreitet. Die Hauptverbreitungsgebiete haben sich dabei zum Teil stark verschoben.

2.

a) Die Zahl der Menschen nahm immer zu. Dabei erfolgte die Zunahme immer schneller. Ein Hauptgrund muss die Veränderung der Landwirtschaft sein. Durch die Ausbreitung der Hauptnahrungsmittel, z. B. Getreide, und bessere Anbaumethoden konnten immer mehr Menschen überleben.
b)

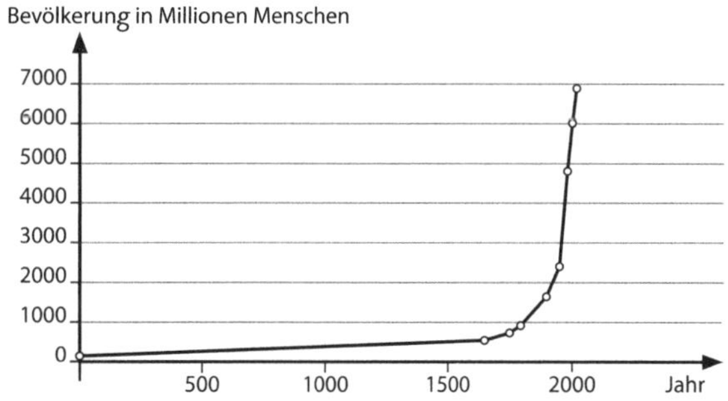

3.

a) Die Bevölkerung nahm von 1990 bis 2010 ständig zu, insgesamt um 30 %. Die Getreideernte nahm mit Schwankungen zu. Dabei gab es Jahre, in denen die Getreideproduktion auch erheblich abnahm. Die Ackerflächen gingen mit leichten Schwankungen um fast 6 % zurück.
b) Trotz abnehmender Ackerflächen stieg die Getreideproduktion stark an. Der Anstieg der Bevölkerung war aber noch stärker, sodass die Versorgung mit Getreide für die Bevölkerung schlechter wurde.
c) Vergl. Aufg. 4.

4.

Abbildung 4 zeigt, dass zur Herstellung von tierischen Lebensmittelprodukten wie Fleisch, Milch und Eiern viel mehr Energie und damit Getreide (als Futter für die Tiere) benötigt wird, als wenn die Menschen Getreide direkt zu Nahrung verarbeiten, z. B. Brot. Bei begrenzter oder sogar zurückgehender Ackerfläche könnten bei direkter Nutzung des Getreides viel mehr Menschen ernährt werden als über tierische Produkte. Die Versorgung mit Lebensmitteln ließe sich so erheblich verbessern.

12.9 Getreide wird gezüchtet

Wichtige Getreidesorten	**1.** Abb. 2
Heutige Getreidesorten stammen von einfachen Gräsern ab.	Abb. 1
Durch Züchtung entstehen neue Sorten.	**2.** Abb. 2, 3
Aufbau eines Getreidekorns	Abb. 4
Vom Getreidekorn zum Brot	**3., 4.** Abb. 4

1.

Linkes Bild ⇒ Roggen
Zweites Bild von links ⇒ Hafer
Drittes Bild von links ⇒ Weizen
Rechtes Bild ⇒ Gerste

2.

Nach Abbildung 2 scheint der Roggen mehr Körner zu haben als der Weizen. Beim Weizen sind die Körner dicker. Offenbar wollten die Züchter eine Pflanze mit vielen dicken Körnern durch die Kombination von Roggen und Weizen erreichen. Abbildung 3 zeigt, dass Triticale viele dicke Körner in der langen Ähre hat. Roggen ist außerdem wenig anspruchsvoll, was das Klima und die Bodenqualität betrifft, ganz anders als Weizen. Diese Eigenschaft wollten die Züchter wahrscheinlich ebenfalls in der Kreuzung Triticale erhalten.

3.

Das Getreidekorn besteht zum größten Teil aus dem Mehlkörper. Über diesem liegt eine Eiweißschicht, über der wiederum zwei Samenschalen und die Fruchtschale liegen. An einem Ende befindet sich noch innerhalb der Fruchtschale und der äußeren Samenschale der Keimling.
Wird das ganze Korn gemahlen, erhält man Vollkornmehl. Daraus wird Vollkornbrot gebacken. Beim Graubrot verwendet man eine Mischung aus Mehl, das man aus Körnern ohne den Keimling erhält, und Mehl aus Körnern ohne Fruchtschale und äußerer Samenschale und ohne Keimling. Wird nur der Mehlkörper mit der Eiweißschicht vermahlen, erhält man Weißmehl. Verwendet man beim Backen nur Weißmehl, entsteht Weißbrot.

4.

Vollkornmehl und das daraus gebackene Vollkornbrot enthält neben der Stärke Eiweiß, viele Vitamine und Ballaststoffe aus dem Keimling und den Schalen des Korns. Vollkornbrot ist daher vermutlich sehr gesund. Weißmehl und damit auch Weißbrot enthalten nur Stärke und Eiweiß. Es ist daher wohl am wenigsten gesund. Graubrot liegt aufgrund der Mehlmischung dazwischen.

B Wiederholen mit Basiskonzepten zum Thema „Blütenpflanzen"

1. Gliederung in Organe
2. Stoff- und Energieumwandlung
3. Struktur und Funktion
4. Struktur und Funktion
5. Struktur und Funktion
6. Gliederung in Organe, Struktur und Funktion
7. Fortpflanzung
8. Vielfalt und Angepasstheit, Fortpflanzung
9. Vielfalt und Angepasstheit
10. Fortpflanzung, Vielfalt und Angepasstheit, Struktur und Funktion
11. Stoff- und Energieumwandlung, Fortpflanzung
12. Vielfalt und Angepasstheit

13 Körperbau und Bewegung

13.1 Das Skelett des Menschen

Aufbau des Skeletts	**2., 3.** Abb. 1-3
Untersuchung des eigenen Körpers	**1.**
Vergleich verschiedener Skelette	**4.** Abb. 4

1.
Elle: von der Ellenbogenspitze bis zum Handgelenk (an der Seite, wo der Kleine Finger sitzt).
Speiche: am Ellenbogen kaum zu tasten, am Handgelenk auf der Seite, wo der Daumen sitzt.

2.
1: Schädelknochen
2: Oberkiefer
3: Unterkiefer
4: Schulterblatt
5: Rippe
6: Oberarmknochen
7: Wirbelsäule
8: Speiche
9: Elle
10: Beckenknochen
11: Handknochen
12: Oberschenkelknochen

3.
Die unterschiedlichen Farben geben die verschiedenen Elemente des Skeletts wieder:
Gelb: Kopf (Schädel, Oberkiefer, Unterkiefer)
Braun: Schultergürtel, Becken. Daran sitzen die Arme bzw. Beine an.
Beige: Arme, Beine
Grün: Rippen
Sandfarben: Brustbein
Hellblau: Knorpel

4.
Ringelnatter: Sie hat keine Arme und Beine. Die Fortbewegung erfolgt durch schlängelnde Kriechbewegung. Dazu sind viele Rippen erforderlich, über die die Bauchschuppen bewegt werden.
Giraffe: Sie hat vier Beine. Die Vorderbeine sitzen am Schultergürtel an, der sehr massiv ausgeprägt ist. Hier lastet das ganze Gewicht des kräftigen Oberkörpers und des langen Halses mit dem Kopf auf den stelzenförmigen Beinen. Der weniger kräftige Hinterkörper ruht auf dem Becken und den Hinterbeinen.
Mensch: Das Skelett ist an die Fortbewegung auf zwei Beinen angepasst. Das Gewicht liegt auf dem Becken, an dem die Beine ansitzen. Die Wirbelsäule ist eine bewegliche Stütze des Körpers. Der Schultergürtel ist weniger stark ausgeprägt, weil er kaum Gewicht tragen muss. Der Kopf „balanciert" gewissermaßen auf der Wirbelsäule. Arme und Hände sind sehr beweglich.

13.2 Knochen und Gelenke

Aufbau und Funktion der Knochen	**1., 2.** Abb. 1, 2, 4
Vergleich von Knochen mit technischen Produkten	**4.** Abb. 6
Aufbau eines Gelenks	Abb. 3
Gelenktypen	**3.** Abb. 5

1.

Bezeichnung	Struktur	Funktion
äußere Knochenschicht	feste Knochenmasse	Stabilität
Blutgefäße der Knochenhaut	klein, röhrenartig, blutgefüllt	versorgen den Knochen mit Sauerstoff und Nährstoffen
Knochenbälkchen	Verstrebungen wie ein feines Geflecht	große Stabilität bei geringem Gewicht
Knochenmark	befindet sich zwischen den Knochenbälkchen	produziert Bestandteile des Blutes

2.

Der größte der abgebildeten Knochen ist das Schulterblatt. Es ist Bestandteil des Schultergürtels. Der zweitgrößte Knochen ist der Wirbelknochen. Er ist Bestandteil der Wirbelsäule. Der Handwurzelknochen liegt zwischen den Unterarmknochen und den Fingern. Der Steigbügel ist der kleinste Knochen. Er liegt im Innenohr, einer Höhle im Schädelknochen.

3.

a) Das Scharniergelenk kann nur in einer Richtung bewegt werden. Die Drehung erfolgt um eine Achse. Das Kugelgelenk kann in alle Richtungen bewegt werden.

b) Individuelle Lösung, z. B.:
Scharniergelenk: Fußgelenk, Knie
Kugelgelenk: Hüfte

c) Individuelle Lösung, z. B.:
Scharniergelenk: Türen. Sie erlauben das Öffnen und Schließen der Tür.
Kugelgelenk: Staubsauger, Mischdüse am Waschbecken.

4.

Die Knochen sind aus Knochengewebe aufgebaut, Fahrrad und Kran aus Metall. Alle Konstruktionen sind röhrenförmig mit Querverstrebungen aufgebaut und weisen eine hohe Stabilität bei möglichst geringem Gewicht auf.

13.3 Muskeln bewegen den Körper

Muskeln im Körper	**2.** Abb. 1
Aufbau der Muskeln	Abb. 2
Steuerung und Wirkung von Muskeln	**1.**
Das Gegenspieler-Prinzip	**5.** Abb. 3, 4
Mimik und Gestik	**3., 4.** Abb. 5

1.
Das Gehirn gibt den Befehl ⇒ Leitung durch Nerven zu den Muskeln ⇒ Muskeln ziehen sich zusammen ⇒ Sehnen, die an den Muskeln und den Knochen befestigt sind, ziehen den Knochen in die neue Lage (z. B. der Arm bewegt sich).

2.
Individuelle Lösung.

3.
Individuelle Lösung.

4.
Individuelle Lösung.

5.
Das Modell zeigt folgende Prinzipien: Wenn sich ein Muskel (Ballon) verkürzt, wird er dicker, wenn er lang gezogen wird, wird er dünner. Die Sehnen werden im Modell durch die Schnüre dargestellt, das Gelenk durch das Scharnier, die Knochen durch die Leisten. Wird der Beuger (rechter Ballon) kürzer, wird der Strecker (linker Ballon) länger und umgekehrt. Das Gegenspieler-Prinzip wird dadurch deutlich. Das Modell kann aber nicht zeigen, dass die Bewegung eigentlich von den Muskeln ausgeht. Es muss von außen bewegt werden.

13.4 Verletzungen und Erkrankungen der Bewegungsorgane

Verschiedene Sportverletzungen	**1.** Abb. 2
Vermeidung von Sportverletzungen	**2.** Abb. 1
Helmpflicht für Fahrradfahrer	**4., 5.** Abb. 3
Haltungsschäden und Bewegungsmangel	**3.** Abb. 4

1.
a)

Verletzung	Schädigung
Prellungen	Verletzung von kleinen Blutgefäßen, Bluterguss
Muskelzerrung	Überdehnung des Muskelgewebes
Verstauchung	Überdehnung der Gelenkbänder, eventuell Bänderriss
Verrenkung	Gelenkkopf kehrt nicht in die Gelenkpfanne zurück
Knorpelschaden	Abrieb oder Einriss bei Gelenkknorpeln
Knochenbruch	Bruch des Knochens, eventuell mit Verletzungen des umliegenden Gewebes

b) Individuelle Lösung, darin z. B.:
Bildung von Blutgefäßen, Narbengewebe umschließt die Bruchstelle, Bildung von neuem Knochengewebe, Calciumeinlagerung.

2.

a) Individuelle Lösung, z. B.:
1. Schutzkleidung tragen
2. Nie ins Ungewisse springen
3. Pausen machen, damit die Muskeln sich erholen können
4. Kein großes Risiko eingehen
5. Vor dem Sport aufwärmen

b) Der Betreffende soll nach dem Unfall Ruhe haben, z. B. Sitzen oder Liegen, vielleicht muss er auch beruhigt werden. Bei Prellungen kann man die Stelle kühlen, damit sie nicht so schnell dick wird. Dazu eignet sich z. B. Gefriergut aus dem Eisfach, um das man ein Tuch wickelt. Eine ähnliche Wirkung hat ein Kompressionsverband. Auch wenn das verletzte Körperteil hoch gehalten oder hoch gelagert wird, läuft nicht so viel Blut hinein, es wird nicht so schnell dick und die Schmerzen sind weniger groß.

3.

a) Viele Menschen bewegen sich aufgrund ihres Berufes und ihrer Lebensweise zu wenig. Der Bewegungsmangel bewirkt, dass ihre Rückenmuskulatur wenig trainiert und daher nur schwach ausgebildet ist. Die Muskulatur ist dann nicht in der Lage, bei plötzlichen Bewegungen oder bei falscher Haltung die Wirbel in der richtigen Lage zu halten. Dadurch kann Druck auf Muskeln und Nerven entstehen, der zu Schmerzen führt. Die Schmerzen führen dann dazu, dass sich der betreffende Mensch noch weniger bewegt und die Muskeln noch mehr erschlaffen. Dies führt zu noch mehr Schmerzen. Um sie zu kompensieren, verfällt der Betroffenen in eine Schonhaltung, die langfristig zu noch mehr Schäden führt.

b)

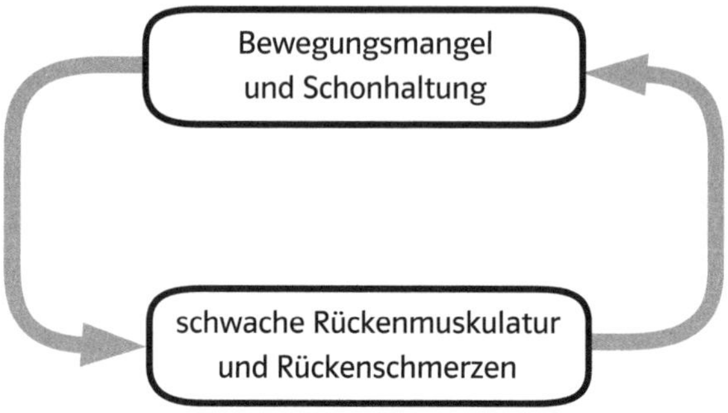

c) Individuelle Lösung, z. B.:

4.

Individuelle Lösung, darin z. B.:
Dafür: Alle Fahrradfahrer, egal ob Kinder oder Erwachsene sind durch den Helm geschützt. Es gibt weniger Kopfverletzungen, weniger teure Krankenhausaufenthalte, weniger Arbeitsausfälle.
Dagegen: Die Helmpflicht hält Menschen vom Fahrradfahren ab, der Bewegungsmangel nimmt bei vielen Menschen zu. Umweltbelastungen steigen, weil viele Menschen auf das Auto umsteigen.

5.

Individuelle Lösung, darin z. B.:
1. Eine Melone wird aus 1,5 m Höhe auf einen harten Boden fallen gelassen.
2. Eine passende Melone wird in einem Helm befestigt und mit dem Helm nach unten aus 1,5 m Höhe auf den gleichen Boden fallen gelassen.

13.5 Fit durch Bewegung

Bewegung fördert die Gesundheit.	Abb. 1 Grundwissen
Der Mensch ist an Bewegung angepasst.	**3., 4.** Abb. 2, 4
Menschen bevorzugen unterschiedliche Sportarten.	**1., 2.** Abb. 1, 3

1.

a) Individuelle Lösung, z. B.:

Bewegungen	Ausdauer	Körperbeherrschung	kurzzeitige schnelle Bewegungen	Körperspannung	Krafteinsatz
Fußball	+	+	+	–	+
Joggen	+	–	–	–	+
Seilspringen	+	+	–	–	+
Gymnastik	–	+	–	+	+
Slacklining	–	+	–	+	+

b) Individuelle Lösung, z. B.:
Die beiden jungen Frauen wollen wahrscheinlich etwas für ihre Gesundheit und ihren Körper tun, indem sie joggen oder Gymnastik (Yoga) machen. Fußball wird als Mannschaftsspiel von Jung und Alt geschätzt, weil es Spaß macht und den Körper fordert. Seilspringen ist eher eine kurzzeitige Pausenbeschäftigung für Kinder. Auf der Slackline ist zwar ein Junge dargestellt, aber auch junge Erwachsene habe Spaß daran, damit ihre Körperbeherrschung zu trainieren.

2.

a) Individuelle Lösung.
b) Individuelle Lösung.

3.

Früher war Bewegung, besonders das Laufen, lebensnotwendig. Laufen war die Voraussetzung für den Jagderfolg. Nur wer gut laufen konnte, hatte genügend Nahrung. Auch Frauen und Kinder mussten gut laufen können, um bei Gefahr fliehen zu können. Der Körper des Menschen hatte sich an das Laufen angepasst. Nur wenn die entsprechenden Muskeln auch beansprucht, also trainiert, wurden, fühlte sich der Körper wohl. Auch heute vermittelt körperliche Anstrengung ein Wohlgefühl, sodass viele Menschen Sport treiben.

4.

Sportler B ist besser trainiert als Sportler A. Dies kann man daran erkennen, dass er in Ruhe und bei mittlerem Lauftempo eine geringere Pulsfrequenz hat und die Pulsfrequenz nach der Belastung schneller wieder sinkt. Dadurch wird das Herz weniger belastet. Auch bei maximaler Belastung ist das Herz leistungsfähiger als das weniger trainierte.

14 Ernährung

14.1 Bedeutung der Ernährung

Vergleich der Ernährungsgewohnheiten von Familien aus unterschiedlichen Regionen	**1. a** Abb. 1-3
Die eigene Ernährung	**1. b, 2.**
Gedankenexperiment Proviant	**3.**
Probleme der modernen Ernährung	**4.** Abb. 4

1.

	Familie Caven	Familie Celik	Familie Natomo	Eigene Familie
Getreideprodukte	Weißbrot Nudeln Bagels Brezeln Tortillas Waffeln	Brot Reis	Hirse Reis Mais	Individuelle Lösung
Gemüse	Brokkoli Tiefkühlgemüse Karotten Erbsen	Linsen Kartoffeln Spinat Zucchini Tomaten Erbsen Oliven Kopfsalat Kohl Lauch	Okraschoten Zwiebeln Tomaten Tamarinden	
Früchte	Äpfel Bananen Weintrauben Mandarinen	Bananen Orangen Granatäpfel	Mangos Orangen	
tierische Nahrungsmittel	Rindfleisch Thunfisch Eier Hühnerbrust	Eier Rindfleisch Fisch	Trockenfisch	
Milchprodukte	Käse Milch	Joghurt Feta-Käse Milch	Sauermilch	
Getränke	Milch Apfelsaft	Tee Milch Cola Saft Kaffee	Wasser Sauermilch	

2.
Individuelle Lösung.

3.
a) Individuelle Lösung, z. B.:
Brot (als Hauptnahrungsmittel), Nudeln (als Hauptnahrungsmittel, wenig Gewicht), Wasser (zum Trinken und falls es unterwegs keines gibt auch zum Kochen), Gemüse in Dosen (einfach zuzubereiten), Äpfel (frisch, gut zu transportieren), Schinken in Dosen (schmeckt mir halt so gut)

b) Individuelle Lösung.

4.
Oft kommen die Zutaten zu einer Pizza aus vielen unterschiedlichen Ländern, teilweise von sehr weit her. Sinnvoll wäre eine Pizza aus Produkten, die – soweit möglich – in der Region hergestellt werden, um Energie für Transport und Kühlung zu vermeiden. Offenbar sind Produkte aus dem Ausland aber billiger, trotz der Energiekosten. Das ist zwar wirtschaftlich günstiger, aber für die Umwelt ungünstiger.

14.2 Nährstoffe sind wichtige Bestandteile der Nahrung

Nahrungsmittel enthalten unterschiedliche Nährstoffe.	**1.** Abb. 1 - 3
Nachweis von Nährstoffen	**2., 3., 4., 5.** Abb. 4
Wassernachweis im Apfel	**6.**

1. a)

Kohlenhydrate	g/100 g
Hühnerfleisch	0
Schweinefleisch	0
Gänsefleisch	0
Eier	1
Spinat	1
Gurken	2
Champions	2
Vollmilch	5
Fruchtjoghurt	10
Nüsse	11
Kartoffeln	19
Bananen	24
Vollkornbrot	41
Weißbrot	48
Reis	78
Honig	79

Fette	g/100 g
Gurken	0
Honig	0
Bananen	0
Spinat	0
Champions	1
Kartoffeln	1
Vollkornbrot	1
Weißbrot	1
Reis	1
Fruchtjoghurt	2
Vollmilch	3
Hühnerfleisch	12
Eier	12
Schweinefleisch	27
Gänsefleisch	44
Nüsse	61

Eiweiße	g/100 g
Gurken	<1
Honig	<1
Bananen	1
Kartoffeln	2
Spinat	2
Champions	3
Vollmilch	3
Fruchtjoghurt	3
Weißbrot	7
Reis	7
Vollkornbrot	8
Nüsse	13
Eier	13
Gänsefleisch	13
Schweinefleisch	17
Hühnerfleisch	22

b)

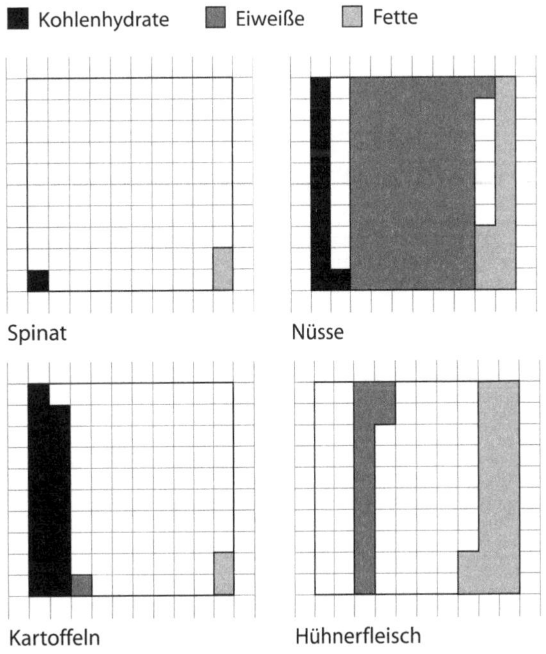

2.
Individuelle Lösung, z. B.:
Eiklar gerinnt nach Zugabe von Essig oder Zitronensaft. Eiklar enthält Eiweiß.
Prüft man auf die gleiche Weise Cola und Apfelsaft, kann man keine Gerinnung feststellen. Beide Getränke enthalten kein Eiweiß.

3.
Individuelle Lösung, z. B.:
Versetzt man Bananen und Äpfel mit Kaliumjodid-Lösung, tritt keine blauviolette Farbe auf. Beide Früchte enthalten keine Stärke. Versetzt man eingeweichtes Brot und gequollenen Nudeln mit Kaliumjodid-Lösung, beobachtet man eine intensive blauviolette Farbe. Brot und Nudeln enthalten Stärke.

4.
Individuelle Lösung, z. B.:
Bestreicht man Papier mit Fett, wird das Papier an dieser Stelle durchscheinend. Im Gegensatz zur Behandlung mit Wasser, wo ein solcher Fleck beim Trocknen verschwindet, bleibt der Fettfleck bestehen. Diese Fettfleckprobe ist bei Wurst und Käse positiv. Der Fleck bleibt bestehen. Wurst und Käse enthalten Fett. Bei Brot und Apfel entsteht kein dauerhafter Fleck, sie enthalten kein Fett.

5.
Individuelle Lösung z. B.:
Wenn sich das Feld des Teststäbchens verfärbt enthält die Flüssigkeit Glucose, das Testergebnis ist positiv (+). Wenn das Feld sich nicht verändert, enthält die Flüssigkeit keine Glukose, das Testergebnis ist negativ (–).
Testergebnisse: Orangensaft (+), Mineralwasser (–), Cola (+), Apfel (+), Zwiebel (+), Gurke (+), ...

6.
Individuelle Lösung z. B:
Experiment, um zu prüfen, ob der Apfel Wasser enthält: Man zerschneidet einen Apfel auf dem Holzbrett in mehrere kleine Stücke, füllt die Stücke in einen Plastikbeutel und bindet ihn ganz fest zu. Man legt den Beutel entweder in die Sonne oder auf die Heizung und schaut nach einigen Stunden, ob an der Innenseite des Plastikbeutels Kondenswasser entstanden ist. Man öffnet den Beutel und prüft Aussehen, Geruch und Geschmack der Flüssigkeit.
Experiment, um zu ermitteln wie viel Wasser der Apfel enthält: Ein Apfel wird gewogen. Anschließend reibt man ihn auf einer Reibe. Die Feststoffe werden mit einem Leinentuch abgepresst. Anschließend wiegt man die Feststoffe erneut. Die Differenz zum Ausgangsgewicht ist in etwa der Wassergehalt.

14.3 Nahrung liefert Stoffe und Energie für den Körper

Der Körper benötigt Energie.	**3.**
Nahrungsmittel enthalten Energie.	**1.** Abb. 2, 3
Der Energiebedarf des Körpers	**2.** Abb. 2, 4
Nahrungsbedarf und Wachstum	**3., 4.** Abb. 5

1.
a) 1 Becher Cashews – 8 gebackene Kartoffeln mit Salsa-Sauce
32 saure Gurken – 1 kleine Bratwurst
1 Croissant mit 90 g Schnittkäse – 10 Scheiben Weizenbrot mit fettfreiem Käse, Salat, Tomate und Salsa
b) Individuelle Lösung.
c) Individuelle Lösung.

2.

Absteigend geordnet ergibt sich folgende Reihenfolge: Margarine, Butter, Walnüsse, Traubenzucker, Spaghetti, Schweinekotelett, Honig, Brötchen, Roggenbrot, Hühnerei, Rinderfilet, Forelle, Banane, Kartoffeln, Kuhmilch, Apfel

Beispiele für die Sätze:
„100 g Joghurt liefern knapp 300 kJ. Das ist weniger als mit einer Stunde ruhigem Liegen verbraucht wird."
„100 g Spaghetti liefern etwa 1550 kJ. Das deckt ungefähr den Bedarf, der bei 90 Minuten Gehen mit einer Geschwindigkeit von 3 km/h entsteht."

3.

Individuelle Lösung, darin z. B.:
Herzschlag, Aufrechterhaltung der Körpertemperatur, Atmung, Lebensvorgänge aller Organe, Verdauung

4.

In den ersten Monaten ist das Wachstum des Kindes sehr groß. Dementsprechend benötigt es im Verhältnis zur Körpergröße viel energiereiche Nahrung und „Baustoffe" zum Wachstum. In den folgenden Jahren flacht das Wachstum ab. Es werden also weniger Baustoffe benötigt. In der Pubertät, die bei Mädchen früher als bei Jungen beginnt, setzt das Wachstum noch einmal verstärkt ein. In dieser Zeit ist der Nahrungsbedarf also wieder sehr hoch, nimmt danach aber ab.

14.4 Zähne und Gebiss

Gesundes Gebiss	Abb. 3
Aufbau eines Zahnes	**1.** Abb. 2
Zähneputzen und Zahnerkrankungen	**2., 3.** Abb. 4-7

1.

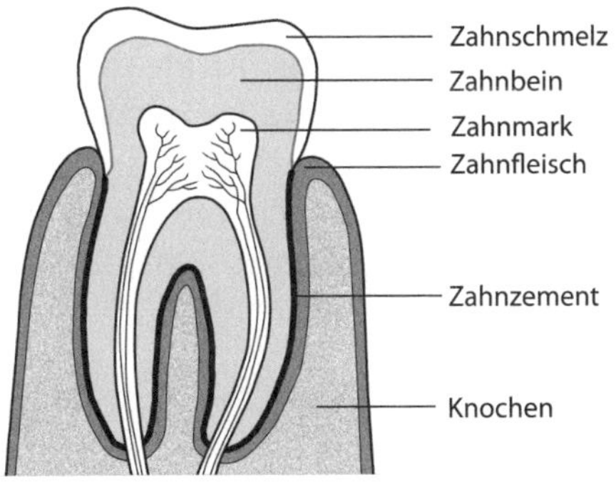

2.

Obere Abbildung: Nach jeder Nahrungsaufnahme und jedem süßen Getränk steigt der Säurewert im Mund an. Je nach Nahrung sinkt er nach einiger Zeit wieder ab. Das Absinken erfolgt durch Zähneputzen schneller. Die betreffende Person putzt die Zähne aber nur drei mal: Unnötigerweise vor dem Frühstück, nach dem Mittagessen und am Abend. Der Säurewert ist häufig hoch, weil häufig zwischendurch etwas verzehrt wird. Der abgebildete Zahn zeigt Karies.
Untere Abbildung: Die Person putzt nach jeder Nahrungsaufnahme die Zähne. Dadurch sinkt der Säurewert jedes mal schnell ab. Nur nach dem Verzehr von Äpfeln werden die Zähne nicht geputzt, weil der Säurewert hier von alleine rasch absinkt. Der Säurewert im Mund ist bei dieser Person immer nur kurzzeitig hoch, die Zähne bleiben gesund.

3.

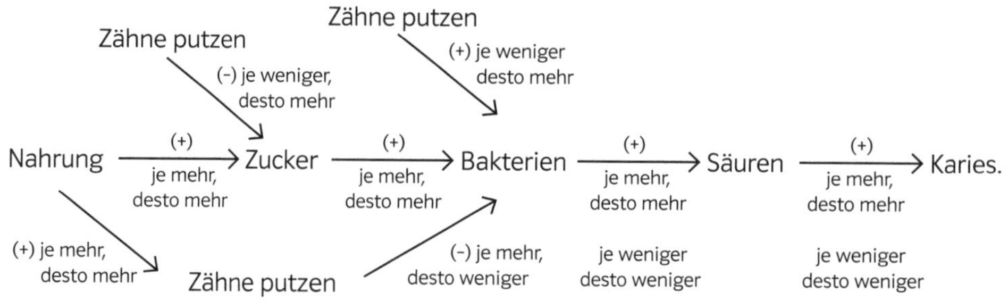

14.5 Ausgewogene, gesunde Ernährung

Schlaraffenland, ein gesundes Leben?	**1.** Abb. 1
Zusammenhang von Energie und Bewegung	**3.** Abb. 2
Ernährung früher und heute	**4.** Abb. 4, 5
Gesunde Ernährung	**2.** Abb. 3

1.
Individuelle Lösung, darin z. B.:
Die Menschen liegen untätig herum, niemand muss arbeiten. Überall ist schon zubereitete Nahrung, diese bewegt sich sogar zu den Menschen hin. Die Menschen sind dick und vollgefressen.
Das Schlaraffenland zeigt, wie sich die Menschen des späten Mittelalters in ihrem arbeitsreichen und entbehrungsreichen Leben ein glückliches Leben vorstellen: Keine Arbeit, keine Anstrengung, beste Nahrung in Hülle und Fülle.
Ein Leben im Schlaraffenland ist der Gesundheit abträglich. Da keine Bewegung und Anstrengung vorkommt, übersteigt die zugeführte Energie bei weitem den Verbrauch. Die Menschen werden dick und krank.

2.
Individuelle Lösung.

3.
Die Waage verdeutlicht Folgendes: Wenn die durch Nahrung zugeführte Energie den gleichen Wert hat wie die Energie, die zur Bewegung benötigt wird, nimmt die Person weder zu noch ab. Ist die zugeführte Energie größer, gerät der Körper aus dem Gleichgewicht. Die linke Waagschale sinkt nach unten. Der Mensch nimmt an Masse zu. Umgekehrt nimmt er ab, wenn weniger Energie zugeführt wird, als zur Bewegung benötigt wird. Die Reserven im Körper werden aufgebraucht.
In Wirklichkeit muss die Nahrungsenergie allerdings höher sein als die Bewegungsenergie, denn ein Teil der Nahrungsenergie wird für die grundlegenden Lebensvorgänge gebraucht, auch ohne dass sich ein Mensch bewegt. Trotzdem gilt: wer sich viel bewegt braucht viel Nahrung, wer sich wenig bewegt braucht wenig Nahrung.

4.
Die Urmenschen lebten hauptsächlich von Früchten und der Jagd. Sie mussten dafür viel Bewegungsenergie aufwenden. Waren Früchte und Beutetiere selten, z. B. im Winter, litten sie Hunger.
Heute sind alle Lebensmittel, die man benötigt, im Überfluss in den Geschäften vorhanden und können ohne große Mühe besorgt werden.

15 Sexualität des Menschen

15.1 Jeder Mensch ist einmalig

Kinder unterscheiden sich.	**1.** Abb. 1, 2	
Ich bin anders als die anderen.	**2.** Abb. 3	
Menschen kann man an ihren Fingerabdrücken unterscheiden.	**4.** Abb. 4	
Alle Lebewesen mit geschlechtlicher Fortpflanzung unterscheiden sich.	**3.** Abb. 5	

1.
Abbildung 1 zeigt typische Kleinkinder. Alle haben in etwa den gleichen Körperbau (2 Arme, 2 Beine, Kopf, Rumpf, 2 Augen, 2 Ohren, ...). Sie unterscheiden sich aber z. B. in der Hautfarbe, Haarfarbe, Menge der Haare, Augenfarbe, ... Kein Kind gleicht einem anderen vollkommen. Das gleiche gilt auch für Abb. 2. Die abgebildeten Kinder unterscheiden sich im Geschlecht, der Größe, Haartracht und Haarfarbe ..., obwohl sie alle den gleichen Grundbauplan des Körpers haben. Dazu kommen noch Unterschiede in der Kleidung.

2.
Individuelle Lösung.

3.
Individuelle Lösung, z. B.:
Die Nachkommen eines Hundpaares unterscheiden sich z. B. in Größe, Fellzeichnung, Charakter. Das gleiche gilt für Katzen, Pferde, usw. Auch bei Pflanzen haben die Nachkommen eines Baumes z. B. unterschiedliche Wuchsformen, Anzahl der Blätter und Blüten, usw. Auch bei Menschen unterscheiden sich die Geschwister.

4.
Nicht alle Fingerabdrücke sind verschieden. Vergleicht man die Linien genau, stimmen die Abdrücke links oben und links unten, zweiter von oben links und rechts ganz unten sowie dritter von oben links und zweiter von oben rechts überein. Es sind also Abdrücke von fünf Personen vorhanden.

15.2 Veränderungen in der Pubertät

Wir verändern uns im Laufe der Zeit.	**1.** Abb. 1
Veränderungen des Körpers in der Pubertät	**2.** Abb. 3, 4
Seltsames Verhalten in der Pubertät	**3.** Abb. 2

1.
Individuelle Lösung.

2.

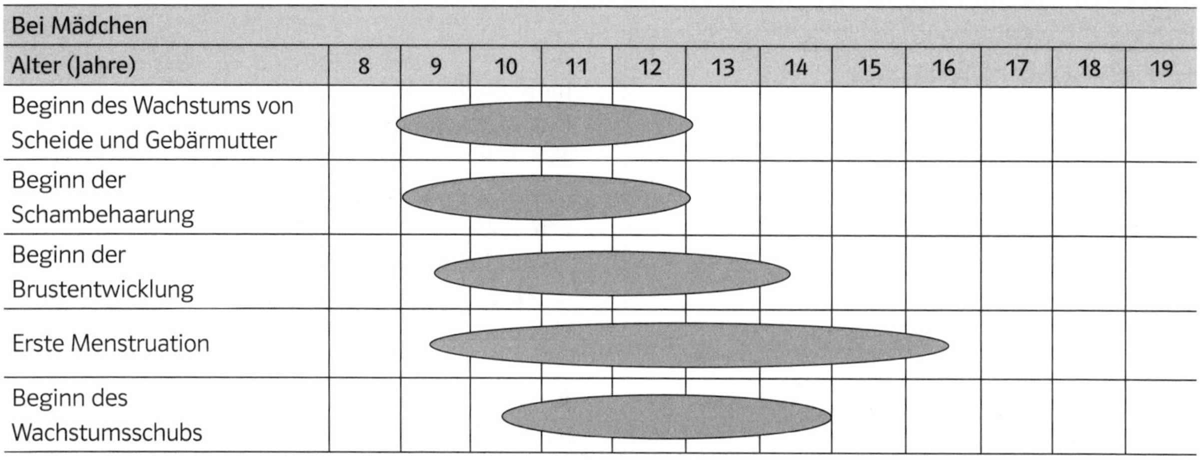

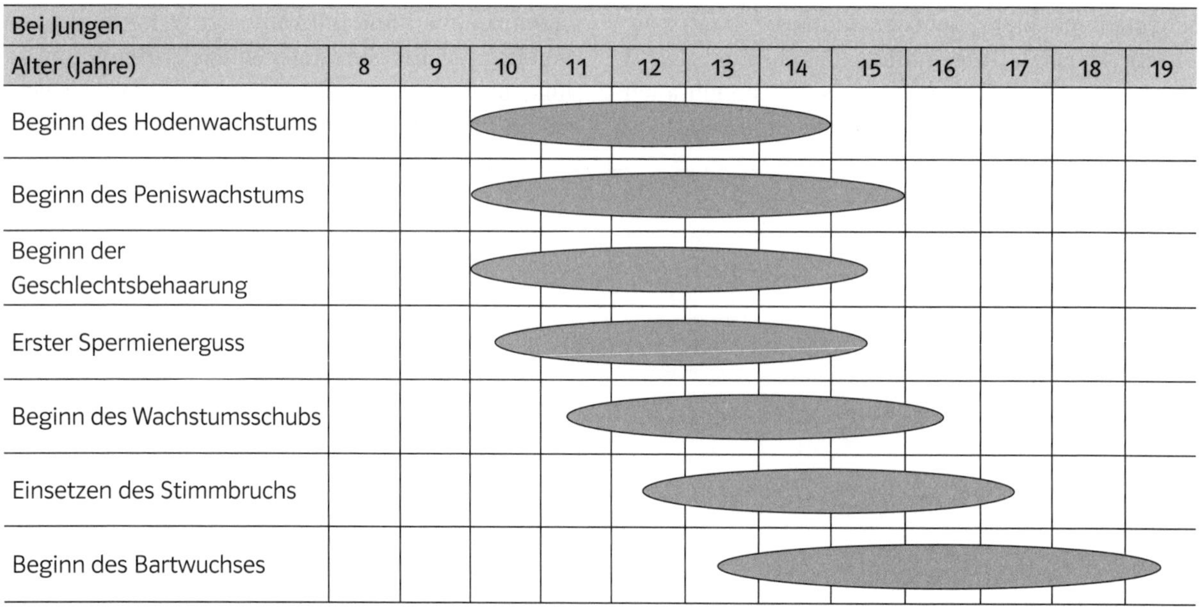

3.

Individuelle Lösung, z. B.:

Liebe Milena,

das habe ich mit meiner Schwester auch schon durchgemacht. Hanna ist mitten in der Pubertät. Sie verhält sich so, weil neben den körperlichen Veränderungen auch seelische Veränderungen erfolgen. Dabei ändern sich ihr Fühlen, Denken und ihr Verhalten. Dadurch kann es zu Stimmungsschwankungen und zu unangemessenen Reaktionen gegenüber anderen kommen. Daher streitet sie sich mit Deinen Eltern und will nicht mehr mit Dir spielen. Sie will eigentlich nicht so launisch sein, aber sie versteht sich selbst nicht so ganz.

Sie macht jetzt viel mit ihren gleichaltrigen Freundinnen, da sie sich von ihnen verstanden fühlt. Denn ihre Freundinnen haben ähnliche Probleme. Vielleicht unterhalten sie sich auch darüber, wie sie die Jungs aus der Klasse so finden. Das ist ganz normal. Milenas komisches Verhalten legt sich bestimmt in einigen Jahren wieder. Das war bei meiner Schwester genauso.

Liebe Grüße, Deine Freundin Julia.

15.3 Vom Jungen zum Mann

Männliche Geschlechtsorgane	**1.** Abb. 1, 2 Grundwissen
Spermien und Spermienerguss	**3.** Abb. 2, 3
Akne, ein Problem in der Pubertät	**2.** Abb. 4

1.

Organ	Funktion
Hoden	produzieren die Spermien
Nebenhoden	sammeln die Spermien
Hodensack	schützt Hoden und Nebenhoden
Prostata (Vorsteherdrüse)	produzieren Flüssigkeit, die die Spermien beweglich macht
Bläschendrüse	
Spermaleiter	Weg der Spermien nach außen
Harn-Spermaröhre	
Penis	Geschlechtsverkehr
Vorhaut	schützt die Eichel, den vorderen Teil des Penis

2.

Talgdrüse sondert Talg ab ⇒ Ausführgang der Talgdrüse verstopft ⇒ ein „Mitesser“ entsteht ⇒ Bakterien wandern ein ⇒ die Talgdrüse entzündet sich ⇒ es bildet sich Eiter ⇒ an der Hautoberfläche entsteht ein Pickel (ein mit Eiter gefülltes Bläschen).

3.

Unter dem Samen versteht man bei Pflanzen den von einer Hülle umgebenen Embryo mit seinen Reservestoffen für die Keimung. Der Embryo entsteht aus der befruchteten Eizelle und ist schon die junge neue Pflanze. Spermien führen erst zur Befruchtung der Eizelle, sind also mit dem Samen nicht vergleichbar.

15.4 Vom Mädchen zur Frau

Weibliche Geschlechtsorgane	**1.** Abb. 1, 2, 5
Der Menstruationszyklus	**2., 3.** Abb. 3, 4

1.

1 Penis, 2 Eichel, 3 Vorhaut, 4 Harn-Spermaröhre, 5 Hodensack, 6 Hoden, 7 Nebenhoden, 8 Spermaleiter, 9 Prostata (Vorsteherdrüse), 10 Darm, 11 Blase, 12 Eierstock, 13 Eileiter, 14 Gebärmutter, 15 Blase, 16 Harnröhre, 17 Klitoris, 18 Schamlippen, 19 Scheide, 20 Darm

2.

a)

Januar/Februar: 31 Tage
Februar/März: 30 Tage
März/April: 26 Tage
April/Mai: 31 Tage

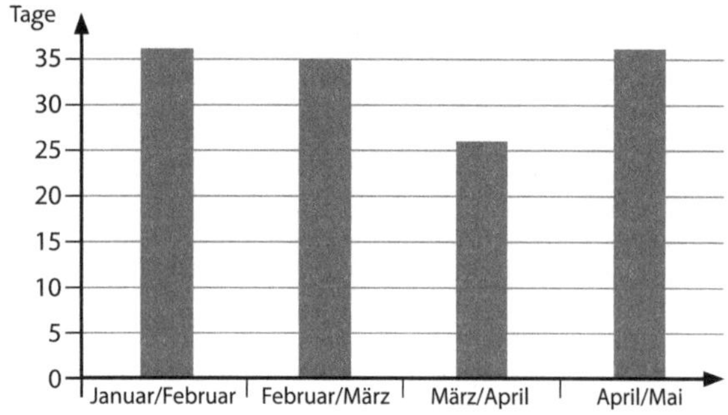

b) Der Zyklus von Frau G. dauert im Durchschnitt 29,5 Tage, die Menstruation dauert 4 bis 6 Tage.

3.

Die durchschnittliche Zykluslänge beträgt bei Frau G. 29,5 Tage. Der Zyklus von Juliane ist noch sehr unregelmäßig. Die durchschnittliche Zyklusdauer beträt 37,25 Tage, der Menstruationskalender sieht wie folgt aus:

15.5 Befruchtung, Schwangerschaft, Geburt

Von der Befruchtung bis zur Einnistung	**1. a** Abb. 1
Die Entwicklung des Embryos/Fetus	**1. b, 2.** Abb. 3, 4
Modell und Schwangerschaft	**3.** Abb. 2
Geburt	Grundwissen

1.

a) Beim Eisprung platzt das Eibläschen und die Eizelle gelangt in den Eileiter. Auf ihrem Weg durch den Eileiter kann es zur Befruchtung kommen. Dabei verschmelzen Eizelle und Spermazelle. Die befruchtete Eizelle, die Zygote, wandert zur Gebärmutter. Auf diesem Weg teilt sie sich wiederholt. So entsteht über das 2-Zellen-Stadium und das 4-Zellen-Stadium ein Keim, der nach etwa sechs bis sieben Tagen die Gebärmutter erreicht und sich in der Gebärmutterschleimhaut festsetzt. Diesen Vorgang bezeichnet man als Einnistung.

b)
1 Plazenta
2 Embryo
3 Fruchtblase
4 Nabelschnur
5 Blutgefäß in der Nabelschnur

2.

Während der Schwangerschaft wird der Embryo und nachfolgend der Fetus durch das Blut der Mutter mit Nährstoffen und Sauerstoff versorgt. In dieser Zeit entwickeln sich die einzelnen Organe des Kindes. Gelangen mit dem Blut der Mutter Giftstoffe wie Nikotin und Alkohol in den Körper des Embryos bzw. Fetus, kann es zu schweren Schäden bei der Entwicklung einzelner Organe oder sogar des gesamten Kindes kommen.

3.

Gemeinsamkeiten zwischen dem Modell und einer schwangeren Frau: Das Ei entspricht dem Embryo/Fetus. Beide sind durch die Flüssigkeit vor Stößen und Erschütterungen geschützt.
Unterschiede: Die Glaswand entspricht der Gebärmutterschleimhaut. Die Glaswand ist im Gegensatz zur elastischen Gebärmutterschleimhaut starr. Der Embryo/Fetus wird über die Nabelschnur mit Nährstoffen und Sauerstoff versorgt. Für das Ei im Modell gibt es kein Versorgungssystem.

15.6 Verantwortung in einer Partnerschaft ist gegenseitig

Liebe und Verantwortung gehören zusammen.	**1.** Abb. 2
Verantwortung in verschiedenen Lebenssituationen	**1.** Abb. 1, 2, 5
Verhütungsmethoden	**2.** Abb. 1, 2, 5
Verantwortung schließt das Thema Verhütung ein.	**3.** Abb. 1, 2, 5

1.

a)
Individuelle Lösung, darin z. B.:
Freundschaft: Vertrauen, Ehrlichkeit, gemeinsames Erleben, gegenseitige Hilfe, Verlässlichkeit
Liebe: Vertrauen, Ehrlichkeit, gemeinsames Erleben, gegenseitige Hilfe, Verlässlichkeit, Verliebtsein, Zärtlichkeit, Sex, engere Beziehung als bei Freundschaft
b) Individuelle Lösung, darin z. B.:
Linkes Bild: Verliebtes junges Paar, Aufbau von Vertrauen, gemeinsame Grenzen für Zärtlichkeit und Sex festlegen, Verhütung gemeinsam besprechen, eventuell schon eine gemeinsame Lebensplanung angehen.
Mittleres Bild: Junge Familie, zusätzlich gemeinsames Sorgen für die Kinder, sich bei der Erziehung absprechen und gegenseitig unterstützen.
Rechtes Bild: Altes Ehepaar, gegenseitig für den anderen sorgen und ihn unterstützen, besonders bei Krankheiten für den anderen da sein.
c) Individuelle Lösung, z. B.:
Die Gefühle anderer Menschen achten, sich so verhalten, dass der andere nicht zu Erwartungen veranlasst wird, die man nicht erfüllen kann oder will. Andere nicht „benutzen“ oder mit ihnen „spielen“.

2.

Verhinderung des Eisprungs: Pille
Verhinderung des Zusammentreffens von Eizelle und Spermazelle: Kondom, chemische Mittel, Temperaturmethode, Kalendermethode, „Aufpassen“

3.

Bei den Mädchen steht – mit einer ähnlichen Häufigkeit wie bei Jungen – an erster Stelle, dass der Geschlechtsverkehr nicht geplant war und daher nicht vorgesorgt wurde. Dazu kommt (an zweiter Stelle) die Haltung, dass wohl nichts passieren wird. An dritter Stelle steht passend zur spontanen Situation, dass kein Verhütungsmittel in der Situation vorhanden war. Die Mädchen gingen also sehr unbedarft in diese Situation hinein. Dazu passt auch die Aussage, dass man „aufpassen“ wollte, eine sehr unzureichende Methode zur Verhütung. Viele der Mädchen (21 %) machten sich gar keine Gedanken zu dem Problem. 22 % trauten sich nicht, mit dem Partner das Problem anzusprechen. Alkohol und Drogen spielten nur eine untergeordnete Rolle.
Bei den Jungen war – wie bei den Mädchen – der Geschlechtsverkehr häufig nicht geplant. Auch hier war die Haltung „es wird schon nichts passieren“ weit verbreitet oder die Jungen machten sich keine Gedanken. Alkohol und Drogen spielten eine größere Rolle als bei den Mädchen.
Insgesamt überwiegt bei beiden Geschlechtern ein leichtsinniger Umgang mit dem Thema Verhütung.

15.7 Das darf nicht jeder!

Jeder Mensch hat seine Grenzen.	**1., 2.** Abb. 1
Wie mache ich meine Grenzen deutlich?	**1., 2., 3.**
Verhalten im Internet	**4.** Abb. 3
Sexueller Missbrauch	Abb. 2

1.

Individuelle Lösung, z. B.:

	Mutter	Vater	Bruder	Schwester	Schulfreund	Schulfreundin	Lehrer	Lehrerin
mir ein Pflaster aufkleben	+	+	+	+	+	+	+	+
mich mit Streicheln trösten	+							
mir etwas zu essen geben	+							
mich im Auto mitnehmen	+							
mich baden und abtrocknen	+							
mich ausschimpfen	+							
mich kitzeln	+							
mir den Weg zeigen	+							
mich bei der Hand nehmen	+							
mich knuddeln	+							
mich verhauen	–							
mir etwas Hübsches schenken	+							
mich mit Küssen trösten	+							
mir etwas Schönes zeigen	+							
mich mit Worten trösten	+							

2.

Individuelle Lösung.

3.

Individuelle Lösung.

4

1. Im Internet können Adressen und persönliche Angaben ausgespäht werden. Gibt man sie an, besteht die Gefahr, dass man belästigt wird, oder dass persönliche Daten veröffentlicht werden und jeder sie abrufen kann.
2. Manche Seiten im Internet sind so gemacht, dass sie einen Menschen verunsichern sollen und dazu verleiten sollen, Dinge zu tun, die er eigentlich nicht will. Deine Eltern wissen sicher, wie man sich dann verhalten soll.
3. Auf manchen Seiten können Geschäfte so dargestellt sein, dass man sie nicht überblicken kann. Ein Kauf kann dann mit viel Ärger oder auch mit

Geldverlust verbunden sein, was deine Eltern dann „ausbaden“ müssen.

4. Du bist in deinem Alter rechtlich noch nicht „geschäftsfähig“. Deine Eltern müssen für deine Handlungen gerade stehen.

5. Anhänge können Viren, Trojaner oder ähnliches enthalten, die sich automatisch beim Öffnen des Anhangs auf dem Computer verbreiten und es Fremden ermöglichen, den Computer auszuspähen oder ihn zu steuern.

B Wiederholen mit Basiskonzepten zum Thema „Der Mensch“

1. Struktur und Funktion, Gliederung in Organe
2. Information und Verständigung
3. Gliederung in Organe, Struktur und Funktion
4. Stoff- und Energieumwandlung, Steuerung und Regelung
5. Stoff- und Energieumwandlung
6. Fortpflanzung, Geschichte und Verwandtschaft, Vielfalt und Angepasstheit
7. Fortpflanzung, Gliederung in Organe
8. Fortpflanzung, Gliederung in Organe, Struktur und Funktion